한비자,
나라 다스리는 법을 말하다

한비자,
나라 다스리는 법을 말하다

초판 1쇄 인쇄 | 2025년 5월 2일
초판 1쇄 발행 | 2025년 5월 10일

지은이 이성주
그린이 신병근
책임편집 손성실
편집 조성우
디자인 권월화
펴낸곳 생각비행
등록일 2010년 3월 29일 | 등록번호 제2010-000092호
주소 서울시 마포구 월드컵북로 132, 402호
전화 02) 3141-0485
팩스 02) 3141-0486
이메일 ideas0419@hanmail.net
블로그 ideas0419.com

ⓒ 이성주, 신병근, 2025
ISBN 979-11-92745-52-7 43100

표지 이미지 요소 Freepik

고전으로 만나는
진짜 세상 5

법대로 하면 진짜 괜찮은 거예요?

한비자, 나라 다스리는 법을 말하다

한비자,
《한비자(韓非子)》

이성주 지음 ― 신병근 그림

생각비행

"법은 도덕의 최소한이다"

"법대로 해!"

흔히 들어 본 말일 것이다. 드라마나 영화에서 막무가내인 성격을 가진 사람이 시비를 걸거나 싸움을 할 때 주로 내뱉는 대사니까. 이런 말을 들으면 어떤 생각이 들까?

"법은 싸움의 시시비비를 가려 주는 거 아니에요?"

맞는 말이다. 그런데 '법대로 하라'는 말은 대부분 감정이 격앙돼 있는 상태에서 허세를 부리며 내뱉는 경우가 많기 때문에 듣는 사람 편에서는 마음이 편하지 않다. 이때 '법'은 상대방을 협박하는 용도로 활용된다. (실제로 법정까지 가는 경우는 드물지만.) 냉정하게 말해서 이 경우에 사용되는 '법'은 거창한 정의를 추구한다기보다 개인의 권리나 이익을 지키는 수단 정도로 보면 된다. 그러니까 법이란 도덕과는 좀 다른 사회적 기준에 해당하는 셈이다.

독일의 법학자인 게오르크 옐리네크(Georg Jellinek)는 법을 문명화된 사회에 필수적인 규범적 원리 체계로 규정했다. 그가 남긴 유명한 말이 있다. "법은 도덕의 최소한이다." 도덕은 엄밀히 말하자면, '이렇게 살면 좋다'라는 사고가 담겨 있다. 그러나 법은 좀 다르다. 법은 사회를 보호하기 위해 사람들이 합의한 것이기 때문이다. 인간 사회의 작동 구조를 보면, 도덕이라는 넓은 울타리가 있다. 이건 지키면 좋고, 지키지 않으면 비난은 할 수 있겠지만, 처벌하긴 어렵다. 도덕이라는 울타리 안쪽에 단단하고 높은 법이라는 벽이 있는데, 그것을 넘어서는 순간 '처벌'을 감수해야 한다.

간단한 예를 들어 보자. 어떤 사람이 길을 가다가 갑자기 쓰러졌다. 가만히 보니까 심장마비인 것 같아서 얼른 달려가 심폐소생술을 하고, 주변에 도움을 요청해 119를 기다렸다. 이렇게 하는 건 아주 착한 일이고 도덕적인 행동이라고 할 수 있다. 그런데 다음과 같은 상황이 벌어진다면 어떤 마음이 들까?

"여봐요! 당신이 내 생명을 구해 준 건 인정하는데, 심폐소생술을 하는 통에 내 갈비뼈가 부러졌어요. 그러니 책임져요!"
"아니, 그게 무슨 소리예요? 당신 목숨을 구하려다 발생한 일이잖아요!"
"목숨 구해 준 건 고마운 일이지만, 몸은 다치지 않게 했어야죠! 어서 치료비 안 주면 고소할 거예요. 법대로 합시다!"

물에 빠진 사람 살려 줬더니 보따리 내놓으라고 한다는 게 바로 이런 상황이다. 그런데 안타깝게도 현실에서 이런 일이 꽤 자주 발생하고 있다. 정신을 잃은 사람에게 심폐소생술을 하다가 갈비뼈를 부러뜨리는 경우도 종종 있는 일이다. 법대로 하자면, '폭행죄'가 성립되거나 '상해죄'가 성립될 수도 있다. 도와준 사람 편에선 생각도 못 한 정말 억울한 상황이지만, 현실 세계의 법이 그런 걸 어쩌겠는가?
이런 식으로 선의의 피해자가 되지 않으려는 사람이 많다 보면 정작 타인의 문제를 외면하게 되므로, '착한 사마리아인

6   여는 말

의 법'을 규정하는 나라들도 있다. 우리나라의 경우 '의사상자(義死傷者) 등 예우 및 지원에 관한 법률'이 있어서, 직무 외의 행위로 위험에 처한 다른 사람의 생명·신체 또는 재산을 구하다가 사망(의사자)하거나 부상을 당한 사람(의상자)과 유족에게는 국가가 그에 걸맞은 예우와 지원을 하게끔 하고 있다.

'착한 일을 하면 복을 받아야지, 벌을 받게 해선 안 된다! 법이 억울한 사연을 만들어선 안 된다!' 이런 생각이 모여 법을 새롭게 만든 것이다. 수많은 타인과 함께 살아가야 하는 사회에서 이런 상식적인 법이 없다면 어떻게 될까?

"사람이 다쳐서 쓰러져도 괜히 억울한 일 당하지 않으려면 모른 척 넘어가야 하지 않을까요?"

학생들이 이런 말을 할까 봐 심히 걱정이 되기도 한다. 하지만 현실적으로 법과 도덕은 엄연히 다르다. 흔히 말하는 '착하게 살자'란 생각만으로는 해결되지 않는 문제가 많다. 그 때문에 법이 존재하지만, 법이 있기 때문에 발생하는 문제도 있다. 이렇게 복잡하고, 어렵고, 무서운 법을 과연 왜 만들었을까?

앞서 얘기했지만, 법은 우리 사회를 보호하기 위해 만든 것이다. 길거리에서 칼을 뽑아 들고 난동을 부리는 사람이 있다고 해 보자. 그 사람을 붙잡았다고 하더라도 이와 관련된 법 조항이 없다면 과연 처벌할 수 있을까?

법은 우리를 지켜 주는 보이지 않는 보호막 같은 것이지만, 실제로 법이 사회적 약자를 지켜 준 건 얼마 안 된 일이다. 이전까지(지금도 어느 정도는 그러하지만) 법에 대한 사람들의 생각은 이러했다.

"법은 작은 파리만을 잡는 거미집이다."

프랑스 극작가인 발자크(Honoré de Balzac)가 한 말로 유명한데, 나도 개인적으로 이 말에 수긍하는 편이다. 민주 정부가 들어서고 법치 국가의 틀을 갖춘 한국 사회에서조차 지금도 법이 모두에게 공평하다고 생각하는 의견보다는 그렇지 못하다는 의견이 팽배하기 때문이다.

법은 권력자가 가지지 못한 자, 힘없는 자들을 '손쉽게' 통치하기 위해 만든 것이라는 인식이 아직도 우리 사회 저변에 뿌리 깊게 남아 있다. 특히나 동양 문화권에서 법에 대한 인식이 서양 문화권에 비해 더 좋지 않은 편이다. 그럴 수밖에 없는 게, '법'이란 것 자체가 동양 문화권… 그러니까 유교

문화권에서는 환영받지 못했기 때문이다(물론 법의 유용성을 알고 활용은 했지만). 이런 인식에 결정적인 영향을 끼친 인물이 바로 한비자(韓非子)였다.

'고전으로 만나는 진짜 세상' 시리즈를 다듬어 새롭게 펴내는 작업을 하는 중에 내가 제일 고민한 대목도 바로 이 지점이었다. 동양 문화권에서의 법과 서양 문화권에서의 법은 애초에 개념 자체가 달랐다. 그렇기에 일반 시민이 받아들이는 '법감정'도 달랐다.

"법은 우리 삶을 지켜 주는 보호막이다."
"그건 너희 생각일 뿐, 법은 우리를 억압하기 위한 통치자의 도구일 뿐이야!"

왜 이런 인식의 차이가 생긴 걸까? 한비자가 주장한 '법'은 과연 어떤 것일까? 2024년 12월 3일 윤석열 대통령이 비상계엄을 선포하며 벌인 내란을 합법적인 일로 볼 수 있을까? 한비자가 이 시대에 살아 있다면 대통령의 통치행위라는 주장에 대해 어떤 판단을 할까? 지금부터 살펴보기로 하자.

— 서울에서

펜더

안녕? 난 '펜더'라는 별명이 익숙해. 다양한 매체에 글을 기고하고 강의도 하면서 즐겁게 살고 있어. 자유롭게 상상하기를 좋아하고 무엇보다 예술을 사랑하지. 덩치에 어울리지 않게 수줍음이 많은 편이야. 사람들과 대화하기를 좋아하지만, 뭐든 설명하려고 하는 버릇이 있어 가끔 눈총을 받기도 해. 여러분에게는 꼭 필요한 얘기만 할 테니 잘 들어 줘!

한아름

난 14살 중학생 한아름이라고 해. 호기심이 많아 뭐든 물어보기를 좋아하지. 책 읽기와 영화 보기가 주된 취미야. 하지만 친구들과 분식집에서 떡볶이 먹으며 수다 떠는 걸 더 좋아해. 장래에 뉴스를 진행하는 아나운서가 되는 게 꿈이야. 만나서 반가워!

장필독

한아름과 동갑내기 친구 장필독이야. 운동을 좋아하고 힙합을 특히 좋아하지. 학원 빼먹고 랩을 연습하다가 엄마한테 야단맞을 때도 가끔 있어. 하지만 스포츠 캐스터라는 어엿한 꿈이 있다고! 나중에 너희에게도 멋지게 경기 중계하는 모습을 보여 줄게.

나는 전국시대(戰國時代) 말기에 활동한 법가(法家) 사상가야. 힘이 없는 한(韓)나라 왕의 아들로 태어났기에 정치에 관심이 많았어. 말더듬이로 태어나는 바람에 군주 앞에서 떳떳하게 말하지는 못했지만, 타고난 글재주와 부단한 노력의 결과로 법가 사상을 종합하여 《한비자(韓非子)》라는 책을 펴냈지. 사실 이 책 전체를 내가 쓴 것은 아니고 온전히 나의 독창적인 생각만 담긴 것도 아냐. 노자(老子) 사상에 영향을 받았고, 순자(荀子) 문하에서 공부한 결과였거든. 공자(孔子)의 사상을 계승한 맹자(孟子)와 달리 순자는 '인간이 악하게 태어났다'고 보는 성악설(性惡說)의 입장이었어. 그분은 인간의 욕망을 중요하게 봤고, 나는 그 영향으로 인간의 '이기심'에 주목했지. 사람을 움직이는 동인이 '이익'을 추구하는 마음이기 때문이야. 나는 전국시대 같은 혼란기에 인(仁)과 예(禮)를 강조하는 유학(儒學)으로는 사회를 안정되게 유지할 수 없다고 보고 강력한 법과 형벌로 나라를 다스려야 한다고 주장했어. 이 때문에 사마천(司馬遷)은 《사기(史記)》에 내 학문의 근본을 황로학(黃老學)이라고 평가했지. 황로학이란 한마디로 도가 철학과 법가 사상을 섞은 걸 말해. 아무 것도 하지 않음으로써 다스린다는 '무위지치(無爲之治)' 개념과 이전 법가 사상가들이 주장한 '법(法), 술(術), 세(世)'를 종합하여 모두에게 똑같이 적용되는 법을 만들고, 법에 의한 통치를 통해 시대적인 안정과 백성의 행복을 추구했기 때문이야.

한비자

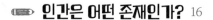

2장
《한비자》의 가르침

1장
성선설 vs 성악설

인간은
어떤 존재인가?

일상생활 속에서 이런 말 들어 본 적 있을 거야.

"그 사람은 너무 이기적인 것 같아."
"그러게, 다른 사람 입장은 생각하지 않고 자기밖에 모르잖아!"

'이기적'이란 말은 사전에 **'자기 자신의 이익만을 꾀하는'** 이라고 나와 있어. 여기서 질문을 하나 해 볼까 해. **"이기적인 게 나쁜 거야?"** 이 질문에 대해 여러 가지 반응이 나올 것 같아. 뭐, 거의 대부분의 답변은 이런 식이겠지.

"세상은 혼자 살 수 없어."
"사회생활을 하려면, 다른 사람과의 화합이 중요하지."

도덕 교과서에 나오는 모범 답안과 같은 반응이야. 그럼, 질문을 살짝 다르게 해 볼게.

성선설 vs 성악설

"인간은 원래 착한 심성을 타고날까? 아니면 자기만 생각하는 이기적인 심성을 가지고 태어날까?"

인간의 심성은
타고나는 것일까?

둘 중에 하나만 고르면 되는 질문 같지만, 이건 사실 인류의 영원한 화두이기도 해. 동서양에서 지금까지 등장했다 사라진 수많은 철학자, 사상가, 종교인, 교육자, 정치가, 사회학자, 심리학자들이 고민한 문제였거든. 사람의 '마음'을 연구하거나 '심리'와 관련된 일을 하는 이들에게 인간의 본성(本性, 사람이 태어날 때부터 가진 성질)은 풀리지 않는 의문이었어.

이 본성에 대한 정의로 가장 유명한 게 '인간은 선하게 태어났다'라고 보는 성선설(性善說)이야. 이건 맹자(孟子)가 말한 거야. 성선설과 관련해서도 할 말이 많은데, 맹자는 단순히 인간이 '착하다'라는 말을 한 게 아니야. 여기에는 '함정'이 하나 있어.

산길은 사람이 다니게 되면 길이 되는데, 잠시 동안 다니지 않으면 도로 막혀 버리게 된다.

—《맹자》진심(盡心) 하편 중에서

맹자가 인간이 선하게 태어났다고 말한 것의 본질은, 인간의 잠재적 도덕의식이 착하게 태어났다는 의미야. 사람의

17

왕래가 없으면 산길이 사라지는 것처럼, 길이 있긴 하지만 완벽하게 닦인 길이 아니라는 얘기지. 즉 사람은 '착한 씨앗'을 품고 태어났으니 후천적으로 이걸 잘 키워서 착하게 만들어야 한다는 거야. 그런데 문제는 바로 이 지점이야. 착하게 키우는 역할을 대체 누가 하냐는 거지. 맹자는 지식인과 관료들이 이 선한 본성을 키울 수 있다고 봤어.

그런데 이거, 좀 무서운 얘기 같지 않아? 배운 사람이나 권력자들이 못 배운 사람이나 가지지 못한 사람들을 이끌고 다스려야 한다는 논리가 여기서 만들어지기 때문이야.

한편 '인간은 악하게 태어났다'라고 보는 성악설(性惡說)도 있어. 이건 순자(荀子)가 한 말이야. 성선설과 성악설이란 용어만 놓고 얘기하면 사람들은 대개 "인간은 원래 착하게 태어난 거 아냐? 성선설이 맞지.", "성악설? 사람이 악하게 태어났다고? 인간을 너무 비하하는 거 아냐?" 보통 이런 식의 반응을 보여. 아무래도 '긍정적인' 쪽으로 마음이 쏠리기 때문일 거야. 하지만 성선설과 성악설은 반대 개념이 아니야. 둘 다 추구하는 목표는, '사람들이 선한 행동을 하게 만들어야겠다'라는 거니까. 따라서 성악설에 대해 '인간의 마음은 태어날 때부터 악한 것이다'라고 단순하게 생각하면 안 돼.

성악설의 핵심은 '인간은 욕망을 가지고 태어났다'라고 달리 설명할 수 있어. 그럼, 과연 '욕망'이란 게 뭘까?

사람의 본성은 악한 것이다. 선이란 인위적인 것이다. 사람의 본성이란 태어나면서부터 이익을 추구하게 마련이다. 이러한 본성을 그대로 따르면 쟁탈이 생기고 사양하는 마음이 사라진다. 사람에게는 태어나면서부터 질투하고 증오하는 마음이 있다. 이러한 본성을 그대로 따르면 남을 해치게 되고 성실과 신의가 없어진다. 사람은 태어나면서부터 감각적 욕망을 가지고 있다. 이러한 본성을 그대로 따르면 음란하게 되고 예의와 규범이 없어진다. 그렇기 때문에 본성을

따르고 감정에 맡겨 버리면 반드시 싸우고 다투게 되어 규범이 무너지고 사회의 질서가 무너져서 드디어 천하가 혼란에 빠지게 된다.

— 《순자》 성악(性惡)편 중에서

순자가 파악한 욕망의 실체는 '이익'이야. 옆에 있는 사람보다 좀 더 편하게 잘살고 싶은 욕망. 그래, 바로 '이기심'이지. 순자는 이 욕망을 예(禮)를 통해 절제하게 하려 했어. 이런 순자의 현실 파악 능력에 대해서는 박수를 보내지만, 대응 방법에 있어서는 제자인 '한비자'의 손을 들어 주고 싶어. 자, 여기서 앞에서 한 질문을 다시 던지려고 해.

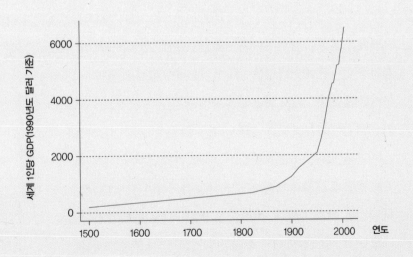

성선설 vs 성악설

"이기적인 게 나쁜 거야?"

앵거스 매디슨이란 경제학자는 기원 후 1년부터 2000년 까지 전 세계 국내총생산(GDP)의 증가 추이를 연구했어. 예 수 이래 18세기 초까지 무려 1700여 년간 인류의 생산성 증 가는 고작 30퍼센트 남짓이었대. 놀랍지 않아? 그러다가 1820년이 되면 1인당 GDP는 서기 1000년 대비 1.5배 성장

앵거스 매디슨(Angus Maddison)

영국의 경제학자야. 경제 분야의 국제적 성장 및 소득 수준에 관한 정보를 정리해서 제공 하는 매디슨 프로젝트(Maddison Project)로 널리 알려졌지. 그는 1995년에 56개국에 대한 GDP 추정치를 발표했어. 처음엔 1820년까지 연구했는데, 이후 기독교가 등장한 시점까 지 확장했고, 나중에는 로마 제국과 메소포타미아 지역까지 연구 영역을 확장했어. 이런 경 제 활동에 관한 연구는 인류의 역사를 새로운 관점으로 확인하게 하는 토대를 만들어 줬어. 13세기 후반에 유럽을 덮친 흑사병의 예를 살펴볼까? 중세 온난기가 거의 끝나 가던 시절 이라 지구의 기후는 요동치게 돼. 기온이 떨어지고, 강우량은 증가했지. 이 때문에 농작물의 작황이 나빠져 흉년이 이어졌어. 바로 이때 흑사병이 덮친 거야. 프랑스인의 70퍼센트 이 상이 흑사병으로 죽을 정도로 유럽은 생지옥과 같았어. 엄청난 인구 감소로 이어졌으니 인 류 역사의 암흑기라고도 할 수 있을 텐데, 경제적인 면에서는 오히려 나아지는 반전이 펼쳐 져. 인력이 부족한 상황이었기에 상대적으로 농민에 대한 대우가 좋아졌거든. 이들은 자신 들에게 더 좋은 대우를 해 달라고 기득권층에 요구하게 됐어. 그 결과 중세를 떠받들던 농노 제가 붕괴하게 됐지. 어때? 이렇게 보면 소득 수준의 변화를 통해 인류 문명의 발전사를 확 인할 수 있지? 매디슨 교수가 없었다면, 이런 재미있는 관점으로 역사를 들여다보지 못했을 거야.

하게 되고, 1913년이 되면 3.4배 늘어나게 돼. 1913년부터 2001년까지 1인당 GDP는 다시 4.2배나 늘어나게 돼.

매디슨은 11세기 이후 인류의 경제발전에 유럽의 역할이 크다고 생각했어. 여기서 주목해야 하는 건 어째서 1820년부터 인류의 경제 발전이 빨라졌느냐는 거야. 다양한 이유가 있긴 해. 16세기부터 이탈리아 베네치아 공화국의 국제무역이 확장됐다거나, 대항해 시대로 대변되는 포르투갈, 스페인의 해외 진출, 영국의 산업혁명 등 여러 가지 이유를 찾을 수 있겠지만, 19세기가 인류사의 중요한 변환점이란 점을 염두에 둬야 해. 그중에서도 프랑스 대혁명으로 촉발

대항해 시대

1415년부터 1648년까지 유럽인들이 북아메리카와 남아메리카를 비롯해서 인도와 동남아를 돌아 세계 일주를 할 수 있는 항로를 발견한 시대를 말해. 이때 세계적인 강국으로 급부상한 나라가 포르투갈과 스페인, 네덜란드, 영국 등이었지. 마젤란의 세계 일주나, 콜럼버스의 바하마 제도 상륙 등이 이때 있었던 일이야. 스페인이 잉카 제국을 멸망시킨 것도 이 즈음이었어. 유럽인들의 모험심 덕분에 구대륙과 신대륙이 본격적으로 '교역'을 시작했다고 볼 수도 있지만, 신대륙 사람들의 입장에서 보면 한없이 약탈에 가까운 교역이 시작됐다고 봐야겠지. 냉정하게 평가하자면 유럽인들의 세계 침략이 일어난 때였다고 말할 수도 있어. 온갖 나쁜 짓을 도맡아 한 영국의 동인도회사도 이때 등장했지. 약탈과 착취로 영국은 '해가 지지 않는 나라'의 발판을 만든 거야. 대항해 시대로 인해 유럽은 제국주의로 나아가게 됐고, 오늘날까지 이어지는 백인 우월주의와 서구 중심주의의 시초도 이때야.

성선설 vs 성악설

된 민주주의와 산업혁명으로 본격화된 자본주의의 성립이
핵심이라고 할 수 있어.

민주주의와 자본주의는 둘 다 인간의 '이기심'과 연관이
돼 있어. 여기서 하나 물어볼게. 인간의 이기심과
민주주의,
자본주의의 관계

"민주주의가 도대체 뭘까?"

다양한 대답이 나올 것 같긴 한데, 좀 일반적인 대답을 한
번 예상해 볼까?

"선거를 통해서 권력자를 뽑고, 국민의 권리를 잠시 위임
해서 나라를 통치하는 제도 아닌가요?"

맞는 말이야. 그런데 내가 질문한 의도는 이런 답을 듣자
고 한 게 아냐. 민주주의의 본질적인 '성격'에 관한 것이었거
든. 민주주의는 본질적으로 '인간이 욕망하는 존재'라는 걸
전제로 만들어진 제도라는 점을 알려 주고 싶었어.

예를 들어 설명해 볼게. 구청에서 우리 집 바로 옆에 공용
주차장을 만들겠다는 사업계획을 들고 왔어. 어떻게 해야
할까?

"집 옆에 공용 주차장을 만들면, 자동차 소음에 밤낮으로

시달리게 될 거야. 그리고 아이들이 등하굣길에 자동차 때문에 위험할 수도 있잖아! 그러니까 난 반대야!"

이렇게 반응할 수 있겠지. 그런데 정작 동네 사람들의 생각은 나와 다를 수 있어.

"공용 주차장이 없어서 골목마다 불법 주차로 난리도 아냐. 불이 나면 소방차가 들어와야 하는데 지금은 소방차가 지나갈 수조차 없어! 그러니까 당장 공용 주차장을 만들어야 해!"

어때? 나의 이익과 다른 사람의 이익이 충돌하지? 이럴 때 타협을 하는 게 민주주의야. 공공의 필요를 우선으로 생각하여 공용 주차장 옆 건물들을 매입한다거나, 주차장 옆 건물에 사는 사람들을 위해 방음벽을 세우고 속도제한 표지판을 설치하여 안전을 도모하는 방법을 고민하는 거지. 이렇게 절충안을 내도 결론이 나지 않는다면 주민투표를 통해 주민 전체가 주차장을 만들지 말지에 관한 결정을 내릴 수도 있어.

장필독, 얘는 또 어디 간 거야!

이 넓은 밭을 언제 다 가나?

인간은 욕망이 있고, 모든 사람에게는 각자 추구하는 '이익'이 있어. 이 이익끼리 충돌이 일어날 경우 민주주의는 타협으로 풀어 나가는 제도야. 자본주의는 어떨까? 자본주의야말로, 인간 욕망의 극단을 보여 주는 제도라고 할 수 있지.

전근대 시절의 농노나 노예, 노비들을 한번 생각해 봐.

"아무리 열심히 공부해도 노예 신분에서 벗어날 수 없어. 나는 평생 땅이나 갈면서 살아야 하는 걸까?"

"열심히 일해도 결국 주인이 다 가져갈 텐데, 뭐 하러 내가 열심히 일해야 해?"

아무리 노력해도 내 것이 될 수 없고, 노력한 대가에 대해 정당하게 보상을 받지 못한다면 누가 열심히 일하겠어? 그런데 자본주의는 이렇게 말해.

"네가 일해서 번 건 다 네 거야!"

인간의 이기심을 충족시켜 주는 제도, 이게 바로 자본주의야. 사람들에게 열심히 일할 동기와 목표를 부여해 주는 거지. 사람들은 대부분 자신의 욕망, 그러니까 돈을 벌겠다는 강

력한 욕망을 현실로 구현하기 위해 노력해.

"우리가 저녁식사를 기대할 수 있는 것은 정육업자, 양조업자, 제빵업자들의 자비심 때문이 아니라 그들의 개인 이익 추구 때문이다. 사람은 누구나 생산물의 가치가 극대화되는 방향으로 자신의 자원을 활용하려고 노력한다. 그는 공익을 증진하려고 의도하지 않으며 또 얼마나 증대시킬 수 있는지도 알지 못한다. 그는 단지 자신의 안전과 이익을 위하여 행동할 뿐이다. 그러나 이렇게 행동하는 가운데 '보이지 않는 손'의 인도를 받아서 원래 의도하지 않았던 목표를 달성할 수 있게 된다. 이와 같이 사람들은 자신의 이익을 열심히 추구하는 가운데서 사회나 국가 전체의 이익을 증대시킨다."

―《국부론》중에서

자본주의 경제학의 가정

경제학의 아버지라 불리는 애덤 스미스의 명저《국부론(國富論)》중에서 가장 유명한 구절을 발췌해 봤어. 우리가 저녁식사를 기대할 수 있는 것은 사람들의 자비심 때문이 아니라 개인들이 이익을 추구하기 때문이고, 그렇게 자신의 이익을 열심히 추구하는 가운데 사회나 국가 전체의 이익을 증대시킨다는 게 자본주의 경제학의 기본적인 가정이야. 이를 흔히 '고전적 자유주의'라고 해.

한마디로 말해 "국가는 법만 확립하고 사람들로 하여금

성선설 vs 성악설

애덤 스미스(Adam Smith)

고전 경제학의 아버지야. 이 사람이 쓴 《국부론》 덕분에 경제학이 시작됐다고 해도 과언이 아니야. 오늘날 경상계열 대학생이라면, 입학과 동시에 필독서로 읽는 책이지. 자본주의의 교과서라고 해야 할까? 책을 읽지 않은 사람이, 읽은 척하며 몇 구절을 발췌한 걸 가지고 궤변을 늘어놓는 책 1, 2위로 꼽히는 책이 이 《국부론》과 마르크스의 《자본론》이야. 《자본론》에 가장 많이 인용된 책이 《국부론》이니, 세상에서 가장 많이 오독된 책이 《국부론》일지도 몰라. 오늘날 한국의 보수주의자 혹은 친기업적인 단체들이 시장의 자유를 말하면서 꺼내 드는 말이 '보이지 않는 손'이야. 하지만 그들은 애덤 스미스가 노동자들의 삶을 개선하고, 이들에게 경제적 혜택이 돌아갈 수 있도록 하는 방법을 고민한 내용은 쏙 빼먹는 경우가 많아.

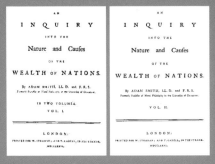

1776년 3월 9일 영국 런던에서 출간된 《국부론》의 첫 페이지

각자 자신의 이익을 좇아 자유롭게 돈을 벌게 하면 된다. 그러면 산업이 저절로 발전하고, 모두가 잘살게 될 것이다"라는 생각으로 정리할 수 있어. 이에 대해서는 할 말이 많지만, 여기서는 한비자에 관한 이야기를 하는 것이니 짧게 정

리할게. 경제학의 주류는 애덤 스미스와 같은 고전적 자유주의 사상 이후로 몇 번이고 뒤바뀌었어. 시대와 상황에 따라 경제를 바라보는 관점 역시 달라진다는 거야. 물론 애덤 스미스의 역할이 큰 건 분명한 사실이야. 그가 경제학의 아버지란 사실은 부정할 수 없지.

꽤 장황하게 '이기심'에 관해 이야기를 늘어놓은 건 한비자에 관해 이야기하기 위해서야. 한비자는 '인간의 이기심'이란 요물(?!)을 직시(直視)했어. 좋다, 나쁘다 따위의 판단 자체를 배제하고, 이기심을 인간 행동의 원인으로 보고 이를 활용하는 방법을 고민한 거야. 한비자는 이전에 나온 뜬구름 잡는 사상이나 철학이 아니라 인간의 본성 자체에 집중한 사람이었어. 이 대목을 높이 평가해야 한다고 생각해.

한비자는 인간이 이기심을 가졌고, 이 이기심을 버릴 수 없다는 판단 아래, 이걸 좋은 방향 그러니까 모두가 행복해질 수 있는 방향으로 활용하겠다는 '파격적인' 생각을 내놓았던 거야. 이런 생각의 집합체가 그의 책, 《한비자(韓非子)》인 셈이지.

자, 그럼 이제부터 한비자란 인물과 그가 쓴 책 《한비자》를 알아가는 시간 여행을 시작해 볼까?

성선설 vs 성악설

말더듬이 천재

한비자는 어떤 사람일까?

한비는 한나라의 여러 공자 가운데 한 사람으로 형명(刑名)과 법술(法術)의 학설을 좋아하였으나, 그의 학문의 근본은 황로학(黃老學)이었다. 날 때부터 말을 더듬어 유세는 잘하지 못했으나, 글은 매우 뛰어났다. 젊을 때 이사(李斯)와 함께 순경(荀卿)을 스승으로 섬겼다.

—《사기》노자한비열전(老子韓非列傳) 중에서

〈노자한비열전〉 중 일부를 발췌했는데, 여기서 한비자란 인물에 대한 기본적이지만 중요한 정보를 확인할 수 있어. 아는 만큼 보인다는 말도 있잖아? 사마천이 한비자에 관해 쓴 구절에 담긴 정보를 하나씩 확인해 보기로 하자.

❶ 한비자는 한나라의 공자였다.

우선 살펴봐야 하는 건 한비자가 한(韓)나라 출생이란 점

이야. 이건 한비자의 일생에 크나큰 영향을 끼쳐. 내가 시리즈 책에서 여러 번 강조했지만, 누가 어떤 나라, 어떤 환경에서 태어나느냐 하는 조건이 삶의 상당한 부분을 결정해. 전국시대에 들어서면 춘추시대에 난립했던 나라들이 정리돼. 이렇게 추려진 7개의 나라를 칠웅(七雄)이라 하지.

그런데 한비자가 활동한 전국시대 말기 즈음엔 이 7개의 나라가 하나로 통일되려고 했어. 바로 서쪽의 강국 진(秦)나라였어. (진시황이 결국 통일을 이루지.) 문제는 7개국 중 한나라가 가장 약했고, 위험에 내몰렸다는 사실이야. 한나라의 서쪽에는 진나라가 있었고, 북쪽에는 위나라, 동쪽에는 제나라, 남쪽에는 초나라가 있었어. 그러니까 한나라는 강대국 사이에 낀 신세였어. 언제 망해도 이상하지 않은 상황이었다고 보면 돼.

이런 약소국의 공자(公子), 그러니까 왕의 아들로 태어난 게 바로 한비자야. 이 부분은 자세히 살펴봐야 하는데, 한비자는 한나라 왕 안(安)의 서공자(庶公子)였어. 그러니까 후궁의 자식이었다는 거야. 이 모든 걸 종합하면, 한비자는 '**힘없는 나라의 힘없는 왕족**'으로 태어났다는 사실을 알 수 있지.

이런 상황은 한비자의 일생에 엄청난 영향을 끼쳐. 한비자는 학문을 닦은 다음, 왕에게 한나라를 발전시킬 계책을 올려. 물론 왕은 이걸 받아들이지 않았어. (만약 받아들였다면 한나라는 망하지 않았을지도 모르지.) 그런데 진나라의 왕이 한

성선설 vs 성악설

비자의 글에 반해 버렸어. 어때? 정말 아이러니하지 않아?

❷ 형명(刑名)과 법술(法術)의 학설을 좋아했다.

'형명법술'이란 법으로 나라를 다스리는 방법과 기술을 말해. 이를 통해 한비자가 법가(法家) 사상가란 사실을 확인할 수 있어.

❸ 그의 학문의 근본은 황로학(黃老學)이었다.

황로학(黃老學)이 뭘까? '황로'란 황제(黃帝)와 노자(老子)의 앞 글자를 딴 말인데, 쉽게 말하면 도가 철학에 한비자로 대표되는 법가 사상을 섞은 정치 사상을 말해. 《한비자》를 읽다 보면, 한비자가 노자의 영향을 받았다는 게 느껴져. 해로(解老)편과 유로(喩老)편은 간단히 말하자면, 노자의 《도덕경》에 주석을 단 것이라고 할 수 있어. 아니, 이런 내용을 다 떠나서 다음 한마디로 모든 상황이 정리돼.

황로학이란?

"무위지치(無爲之治)"

해석하자면, '아무것도 하지 않음으로써 다스린다'라는 개념이야. 《도덕경》을 관통하는 이 '무위지치'란 개념은 동아

시아 최고의 제왕학(帝王學, 왕이 세상을 다스리기 위한 학문, 지도자 양성 학문) 교과서라 할 수 있는 《정관정요(貞觀政要)》와 《한비자》에 꽤 비중 있게 나와. 《정관정요》는 유가를 대표하는 제왕학 교과서야. 《한비자》는 법가를 대표하는 제왕학 교과서고. 그런데 문제는 유가와 법가는 서로 못 잡아먹어 안달이 난… 한마디로 상극인 사상이야. 조선이 성리학을 공부한 신흥 사대부들에 의해 만들어진 나라라는 건 알고 있지? 성리학을 숭상한 조선은 《한비자》를 금서(禁書), 즉 읽어선 안 되는 책으로 지정했어. 선비들이 얼마나 한비자를 싫어했는지 감이 잡히지?

그런데 상극인 사상의 대표적인 제왕학 교과서에 '무위지치'에 관한 내용이 똑같이 실려 있어. 그것도 '꽤' 비중 있게 말이야. 이를 보면 '아무것도 하지 않음으로써 다스린다'라는 형용모순 같은 말을 동아시아 문화권에서 얼마나 중요하게 받아들였는지 이젠 알 수 있겠지.

❹ 날 때부터 말을 더듬어 유세는 잘하지 못했으나, 글은 매우 뛰어났다.

이 대목을 눈여겨봐야 하는데, 한비자는 말을 더듬었어. 대신 글을 잘 썼어. (자신의 약점을 극복하기 위해 부단한 노력을 한 건지, 천재적인 문장가로 태어난 건지는 모르겠지만.) 한비자가

성선설 vs 성악설

말을 더듬었다는 건 치명적인 단점이야. 당시 제자백가 사상가들은 자기 생각을 갈고닦은 다음 각국을 돌아다녔어. "제가 준비한 아이디어 한번 들어 볼래요?" 이런 식으로 자기 사상을 판 거야. 만약 채택된다면, 한 나라의 재상이 될 수 있었어. 반응이 없다면 다른 나라로 정처 없이 떠나가야 했어. 공자가 자기 생각을 펼치고 싶어 14년간 천하를 주유했던 것 기억나지? 나라를 다스릴 생각을 전달하려면 무엇보다 말을 잘해야 하지 않겠어? 그런데 말더듬이라면 어떨까? 이런 유세는 포기할 수밖에.

이런 이유 때문인지 모르겠지만 《한비자》에는 난언(難言, 말하기의 어려움), 세난(說難, 유세의 어려움)편처럼 말하는 것과 유세의 어려움을 이야기하는 내용이 나와 있어. 이건 농담이고, 사실 세난과 난언은 군주를 설득하는 게 그만큼 어렵다는 내용을 담은 거야. 한비자만이 아니라 다른 유세객들도 군주를 설득하기란 쉽지 않은 일이었거든.

군주를 설득할 방법을 다각도로 연구하고 준비한 한비자였지만 정작 자신은 실패하고 그 결과 죽임을 당했으니, 이걸 운명의 장난이라고 해야 할까 아니면 법가 사상가들이 맞이하는 공통된 운명이라고 해야 할까?

아무튼 말더듬이라 유세를 잘할 수 없었던 한비자였지만, 글은 참으로 빼어났어. 그가 남긴 《한비자》란 책이 그 증거인데, 정말 문장이 명료하고 아름답기까지 해. 《한비자》를

말더듬이 천재

읽다 보면 이런 생각이 들기도 해. "한비자는 말 대신 글로 군주를 설득하려 했구나."

《한비자》는
어떤 책일까?

실제로 《한비자》는 군주를 설득하기 위해 쓴 글을 모아 놓은 책이야. 원래는 한나라 왕을 설득하려고, 약소국이었던 한나라를 부강하게 만들기 위한 방법을 간언한 글이었는데, 이게 엉뚱하게도 진나라 왕의 마음을 움직여 버린 거야. 한나라 왕은 한비자의 생각을 거부했는데, 한나라를 잡아먹으려던 상대국 왕의 마음에 쏙 들었던 거지. 역시나 운명의 장난일까?

성선설 vs 성악설

❺ 젊을 때 이사(李斯)와 함께 순경(荀卿)을 스승으로 섬겼다.

순경은 순자(荀子)를 말해. 여기서부터는 매우 중요한 내용이니 잘 따라와. 전국시대 말기에 제나라는 하나의 '프로젝트'를 계획했어.

"온 천하의 학자들을 불러 모아 학문을 연구하게 하자!"
"그럼, 뭐가 좋은데?"
"아니, 아는 것이 힘이라는 말 몰라? 천하의 모든 인재를 모아 공부하고, 토론하고, 연구하게 하면 우리에게 좋은 계책이 잔뜩 쏟아질 거 아냐?"
"아하! 그렇군."

이렇게 해서 제나라는 도성인 임치(臨淄)에

직하학궁(稷下學宮)을 세웠어. 그러고는 학자들을 불러 모았지. 맹자(孟子), 순자(荀子), 순우곤(淳于髡), 전병(田駢), 추연(鄒衍), 신도(愼到) 등등 대충 추려도 당대에 이름 꽤 날린 이들을 죄다 끌어모았어. 물론 제나라는 이 유명한 학자들을 '확실하게' 대접했대. 궁궐 같은 저택에서 생활하게 하고, 이들이 외출할 때는 수레까지 제공했으니까.

대우가 좋으니 이름 좀 날린 학자들이 모여들었어. 직하학궁은 말 그대로 학문의 경연장이 됐어. 여기서 주목해 봐야 하는 이는 한비자의 스승이 되는 순자야. 순자는 직하학궁의 학장이라 할 수 있는 제주(祭主)의 자리에 세 번이나 오른 인물이야. 학문의 총본산이라 할 수 있는 직하학파의 우두머리 자리에 세 번이나 올랐으니 그 실력을 대충 알 만하지?

앞에서 잠깐 소개했지만, 여기서 중요한 게 바로 순자 학문의 성격이야. 학자들은 순자에 대해 말하길, "유가의 이단(異端), 법가의 시조(始祖)"라고 말해. 순자는 유가이면서 유가답지 않은 모습을 보였고, 성악설을 비롯해 법가와 연결되는 지점이 많았어. 왜 그랬을까? 여러 가지 이유가 있겠지만, 당시 순자의 모국인 조나라의 위기 상황 때문에 생존을 위한 유학을 추구했다고 볼 수 있어. 아니, 이건 비단 조나라만의 문제는 아니었다고 봐.

전국시대 말기로 갈수록 전쟁은 훨씬 더 치열하고 잔인해졌어. 장평대전에서 진나라는 조나라를 크게 이겼는데, 이

성선설 vs 성악설

때 항복한 조나라 병사 40만 명을 땅에 파묻어 죽였다고 하지. 이런 상황에서 '인(仁)'을 찾고 '덕(德)'을 찾는 건 사치였겠지. 여기에 토대를 깔아 준 게 직하학궁이었어. 온 천하의 학자가 죄다 모였으니, 다양한 학문이 교류하게 돼. 실제로 직하학궁에서는 하루에도 몇 번씩 격렬한 논쟁이 펼쳐졌어. 저마다 사상과 철학을 가지고, 상대의 학문과 싸웠던 거지. 싸우면서 닮아간다고 해야 할까? 아니, 서로의 장단점을 확인하고, 자신의 학문을 보다 완벽하게 갈고닦다 보니 새로운 학문이 나오게 됐다 할 수 있을 거야.

이런 상황에서 한비자가 순자의 제자로 들어온 거야. 그러니까 한비자는 단순히 하나의 학문만 배운 게 아냐. 도가(道家), 유가(儒家), 묵가(墨家), 명가(名家, 제자백가 중 하나로 거칠게 말하면 논리학파라 정의할 수 있어)를 공부했고, 법가(法家)도 어느 한 사람의 주장을 받아들인 게 아니라 상앙의 법(法), 신불해의 술(術), 신도의 세(勢)를 모두 받아들여 법가의 완결판 격인 《한비자》를 만들어 낸 거야. 한마디로 한비자는 어느 하나의 사상에 매몰되지 않고, 모든 학문을 두루두루 살펴보고, 각 학문의 장점을 받아들인 이후 이를 자기만의 것으로 해석해서 완성한 사상가였어.

이렇게 보면 한비자의 삶이 순탄하게 풀릴 것 같지만, 이사(李斯)라는 인물이 등장하면서 이야기는 비극으로 흘러가게 돼. 한비자의 인생을 끝장내 버린 악역이자 한비자를 말

말더듬이 천재

상앙(商鞅)

한비자보다 한 세기 정도 앞서 강력한 법치를 강조한 사람이야. 위나라 공족 출신이어서 위앙 또는 공손앙으로 불렸는데 진나라 왕의 눈에 띄어 특채됐지. 법을 중심으로 엄격한 개혁을 추진해 제후의 반열에 올랐지만, 그를 친애하던 왕이 죽자 보수 집단의 반발을 사서 역모에 엮여 비극적인 최후를 맞았어.

신불해(申不害)

중국 전국시대 한나라의 학자야. 내정을 정비하고 다른 제후들과의 관계를 이끌어 15년 만에 나라를 강성하게 한 인물이지. 그는 군주의 술(術)을 강조했는데, 한비자는 이에 대해 군주가 재능에 따라 관리를 임명하고 직무에 근거해 업적을 평가하며 절대적인 권위로 신하를 제어하는 것이라고 설명했어.

신도(愼到)

조나라 출신으로 제나라 직하학궁에서 가르친 사람이야. 그는 현명함과 지혜만으로는 신하들을 부릴 수 없다고 보고 군주의 권위를 강조했어. 누구나 복종해야 하는 절대적 권위인 세(勢)를 보유하는 것이 중요하다고 봤지.

한비자 vs. 이사

할 때면 빠지지 않고 등장하는 인물이 바로 이사야. 그는 순자 밑에서 한비자와 동문수학한 친구였어. 기록을 보면, 한비자의 재능이 이사를 능가했대. 하지만 이사는 말을 잘했어. 덕분에 나중에 이사는 진나라에 들어가 객경(客卿)이 돼.

객경이 뭔지 잠깐 설명해야겠지? 진나라는 중국의 변두리에 있었잖아? 이러다 보니 문화, 사회 전반에 걸쳐 중앙의 다른 국가들에 비해 뒤처졌어. 진나라는 이런 상황을 만회

성선설 vs 성악설

하기 위해 외부의 인재들을 끌어들였어. 객경(客卿)을 한자 그대로 보면, 손님 객(客)에 벼슬 경(卿)이잖아? 그러니까 한 마디로 외국의 인재를 스카우트해서 높은 자리에 앉힌 거라 고 보면 돼.

전국시대에는 이런 일이 흔했어. 춘추시대 제나라 환공을 패자로 만든 관중도 따지고 보면 제나라 사람이 아니었고, 오나라 왕 합려의 오른팔이었던 오자서란 사람도 오나라 출 신이 아니었지. 진나라는 상앙(商鞅)과 이사(李斯)로 대표되 는 법가 출신 인물들을 받아들여 순식간에 강국으로 성장했 고, 이를 발판으로 천하통일까지 이루게 돼.

자, 다시 돌아와서 순자 밑에서 공부한 이사는 나중에 진 나라로 건너가 객경이 됐어. 여기까지는 괜찮았어. 그런데 문제는 진나라 왕이 한비자의 책을 읽으면서 발생했어. 바 로 고분(孤憤)과 오두(五蠹)편이지. 그는 이걸 보고 크게 감동 했어.

"이 책을 쓴 사람을 만나서 사귈 수만 있다면 죽어도 여한 이 없겠구나."

이 말을 들은 이사는 계책을 내놓았어.

"이 책을 쓴 사람은 한비인데, 지금 한나라를 공격하면 만

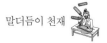

날 수 있습니다."

한나라는 진나라의 상대가 될 수 없었기에 교섭을 위해 사신을 보내지 않으면 안 되는 처지였어. 그 사신으로 낙점된 이가 바로 한비자였고, 진나라 왕은 꿈에 그리던 한비자를 만날 수 있게 됐지.

한나라가 진나라를 섬긴 지 30여 년이 되었습니다. 밖으로는 방패막이 구실을 하고 안으로는 자리깔개의 구실을 하며 진나라를 편안하게 했습니다. 진나라는 정예군을 출동시켜 한나라의 영토를 가져갔으며 한나라는 그 명을 따랐을 뿐입니다. 그리하여 천하 제후들의 원망이 한나라에 쏟아졌으며, 그 공적은 모두 강한 진나라로 돌아갔습니다.

―《한비자》존한(存韓)편 중에서

'존한(存韓)'을 거칠게 풀면, '한나라를 보존한다'라는 의미라고 말할 수 있어. 진나라가 한나라를 집어삼키려 하는 시점에 한비자는 한나라를 지키기 위해 이 글을 써서 진나라 왕에게 올린 거야. 존한편을 읽으면 약소국의 설움을 뼈저리게 느낄 수 있어. 한비자는 위기에 빠진 조국을 구하기 위해 모든 지식과 논리를 총동원해서 한나라를 침공하지 말고 상대편 왕을 설득하려 했어. 한비자의 논리를 간단히 정

성선설 vs 성악설

리하면 이런 거야.

"조나라를 먼저 쳐야 합니다! 진나라도 조나라가 위험하다는 걸 알고 있지 않습니까?"

"그럼 한나라는?"

"우리 한나라는 이미 진나라의 속국이나 마찬가지 아닙니까? 도장만 안 찍었을 뿐이지, 진나라에 먹힌 거나 진배없는데 굳이 침략해서 힘을 뺍니까? 위험한 조나라를 먼저 치셔야죠."

이때 한나라의 국운(國運)은 기울 대로 기운 상태였어. 한비자가 아무리 노력해도 그 생명을 몇 년 연장하는 게 고작이었지. 실제로 사신으로 갔던 한비자가 진나라에서 죽고 3년 뒤 한나라는 멸망하게 돼. 그로부터 10년 후 진나라는 천하를 통일했지. 그러니까 한비자가 진나라를 찾아갔을 때 이미 한나라의 운명은 결정 나 있었다는 얘기야.

문제는 진나라 왕을 만난 이후 한비자의 운명이었어. 왕은 책으로만 보던 한비자를 만나 처음엔 반갑고 흥분했겠지만, 그다음엔 그를 어떻게 대해야 할지 고민하게 돼. 기대한 모습과 너무 달랐기 때문일 거야. 한비자가 말더듬이였잖아. 책의 저자로서는 참 좋았는데 실제 모습이 예상과 워낙 다르다 보니 기대가 깨졌겠지. 이 틈을 한비자와 동문수학

말더듬이 천재

한 이사가 치고 들어온 거야.

"한비자는 한나라의 공자입니다. 만약 그를 높은 자리에 앉히면 진나라를 위해 진심으로 노력하지 않을 것이고, 만약 그를 그대로 돌려보낸다면 장래의 화근이 될 것입니다. 이 기회에 한비자를 없애는 편이 좋을 겁니다."

원수보다 더한 친구라고 해야 할까? 어쩌면 이사는 동문수학할 때부터 한비자에게 열

자넨 장차
진나라의 화근이
될 게야…

등감을 느꼈을지 몰라. 설사 그렇지 않았다고 하더라도 한비자가 진나라 왕 앞에 섰을 때는 자신의 자리를 위태롭게 할 존재라고 보고 '위협'을 느꼈을 거야. 자신이 섬기는 왕이 자기보다 친구를 더 좋아하고 찾는 상황이잖아? 비록 말을 더듬는다고 해도 엄청난 학식을 갖춘 한비자가 왕의 곁에 있다면 자기 자리가 위험해질 수 있다고 느끼지 않았을까?

이사의 말을 듣고 나서 진나라 왕은 한비자를 일단 감옥에 가뒀어. 이때를 놓치지 않고 이사는 한비자에게 독약을 보내. 스스로 목숨을 끊으라는 얘기였어. 한비자는 왕을 만나겠다고 말하지만, 이사는 이걸 가로막았어. 나중에 왕의 마음이 바뀌어 한비자를 사면하려고 했대. 하지만 이미 한비자가 죽은 뒤였지.

운명의 장난이라고 해야 할까? 온갖 지략의 교과서라 할 수 있는 《한비자》를 쓴 인물이 타인의 권모술수에 걸려 죽고 말다니 말이야. 어쩌면 이건 법가 사상가의 공통점일지도 몰라. 한비자를 죽음의 덫으로 몰아넣은 이사 자신도 요참형(腰斬形, 허리를 잘라 죽이는 형벌)으로 죽었으니 말이야.

한비자를 질투한 이사

한비자를 위한 변명

"법을 어떻게 바라봐야 할까?"

막연하게 보면 '법'이란 우리의 행동을 통제하고, 잘못하면 벌을 주는 장치로 생각할 수 있어. 재미있는 부분은 앞서 얘기했듯이 '법'을 받아들이는 동양과 서양의 반응이 꽤 다르다는 점이야. 기본적으로 동양 문화권에서 '법'을 어딘가 좀 냉혹하고, 잔인하고, 인간을 수단으로 바라보는 비인간적인 무언가로 받아들이는 경향이 있어. 법가(法家)에 대한 의도적인 무시와 탄압을 생각해 보면 이해하기 쉬울 거야.

반면 서양의 경우는 법을 상당히 좋게 봐. 인간이 만든 질서라고 해야 할까? 세상의 섭리를 신이 만들었다면(이때 '신'은 인격신일 수도 있고, 자연의 질서를 창조한 초월자일 수도 있겠지만), 인간 사회의 질서를 구현한 게 바로 법이라고 생각하는 거야. 이런 사고 속에서는 법을 존중하고 그 권위를 인정해. 단순히 따른다기보다 '법체계'를 지켜 나가기 위해 사회 구성원들의 노력도 병행하지.

이와 같이 법에 대한 동서양의 인식 차이에 결정적인 영향을 끼친 게 법가(法家)라고 할 수 있어. (이건 개인적인 판단이야.) 이제까지 설명한 법은, 다음 두 가지 정도로 압축할 수 있어.

"죄지은 사람에겐 벌을 내려야 해!"

"나라를 운영하려면 체계적인 규칙과 절차가 필수적이야. 이걸 나름대로 정리해 보자."

죄지은 사람을 벌하는 것은 법체계상으로 보자면, '형법'에 해당해. 경찰이나 검찰이 범인을 체포하거나 기소할 때 이 형법 조항을 근거로 내세우지. 이와 달리 나라를 운영하거나 할 때 등장하는 법은 '행정법'이야. 공무원이라고 다 똑같은 공무원이 아니잖아? 국방부도 있고, 교육부도 있고, 국세청도 있고… 수많은 행정 조직과 공공 기관이 연계해서 일을 처리하고 있어. 관련 기관이나 부서가 많으면 업무 영역이나 권한을 정리해야 하는 것은 필수적이야. 공무원 시험을 준비하는 이들에게 '지옥'을 안겨 주는 게 이와 관련된 '행정법'이지(9급 공무원 시험부터 시작해서 국가 기관에 취직하려는 사람들이 꼭 배워야 하는 법이기 때문이야).

법가가 내놓은 '법'이란 이렇듯 딱딱하고, 무서운 것으로

만 보여. 상앙이 20년간 진나라를 통치했을 때 매일 사람들
을 처형했던 걸 생각한다면, 법가가 곱게 보이지만은 않을
거야. 법가의 기준으로 '법'이란, 통치 수단이었던 셈이야.
여기서 한비자는 한술 더 떴지. 법, 술, 세를 통해서 신하들
을 옥죄고, 백성을 통치해야 한다고 말했기 때문이야. 한비
자에게 법이란 '군주의 일인 독재를 위한 수단'이라고 봐도

성선설 vs 성악설

할 말이 없을 정도였어.

이에 대해 변명을 좀 하자면, 이건 오늘날의 관점 그러니까 사회 구성원들의 '합의'로 만들어진 게 법이고, 이를 통해 사회가 운영된다는 게 상식인 현재 시점에서 바라봐서 그래. 공자 편, 묵자 편을 봤다면 잘 알겠지만 전국시대 말기는 엄청난 혼란기였어.

눈 떠 보면 전쟁이고, 자고 일어나니 나라가 망해 있는 시절이었지. 한비자는 이런 혼란을 수습할 가장 확실한 방법을 '법'에서 찾은 거야.

"상황이 아무리 그렇다곤 해도, 결국 왕 좋은 일만 하는 거 아니에요?"

그렇게 볼 수도 있겠는데, 한비자가 생각한 대로 법을 활용한 통치가 이뤄지면, 백성은 나름 객관적인 통치 규범에 따라 살아갈 수 있게 돼. 변덕스러운 왕의 마음에 따라 (혹은 관리의 기분에 따라) 어떨 때는 용서를 받고, 다른 때에는 중벌을 받는 불확실한 현실에서 벗어날 수 있게 되는 거지.

법을 활용한 통치

그리고 법이 정비되면 왕의 행동에도 '어느 정도' 제약이 따르게 돼. 한비자가 말한 법치에서 왕의 역할은 시스템을 구축한 다음 '아무것도 하지 않으면서 다스리는 통치'를 이뤄 내는 거였거든. 절대 권력을 구축했는데도 절대적인 영향력이 줄어드는 왕이 되는 거라고나 할까? 아무튼 이런 방법을 통해 한비자는 이상적인 세상을 만들려고 했던 거야.

내가 믿고 있는 신념을 말하는 것은, 나로서는 법술을 제창하고 법도를 만드는 것이 백성을 위하는 길이며, 그들에게 편리하다고 믿기 때문입니다.

ー《한비자》문전(問田)편 중에서

그러니까 한비자는 왕에게 잘 보이기 위해 책을 쓴 게 아니라 왕이 법을 활용해 백성이 더 잘 살 수 있도록 만들려고 했던 거야. 물론 법가(法家)와 한비자의 주장을 뜯어보면 지금의 법 상식과 맞지 않는 부분이 있긴 해. 그러나 2300년 전에 법의 공평성과 형평성을 주장했다는 것, 이것만으로도 충분히 인정할 만한 부분이 있어.

법의 공평성과 형평성

"법불아귀(法不阿貴)"

뒤에 좀 더 자세히 설명하겠지만, 법치주의 안에서 살아가는 우리가 종종 망각하고 타성에 젖어 체념하곤 하지만, 법은 높은 사람에게 아부하지 않아. 아니, 아부해선 안 돼. 물론 대한민국의 현실을 보면 법은 귀한 사람과 귀하지 않은 사람을 차별한다는 의심을 살 만한 상황이야. 윤석열 대

성선설 vs 성악설

통령이 헌정 질서를 유린했다는 증거가 넘쳐도 바로 처벌
됐어? 아니잖아. 그렇다고 해도 법을 불신하거나 무시해선
안 돼.

올바른 민주 시민이라면, 잘못된 부분을 도려내고 건강한
'법'으로 돌려놔야 한다고 생각해야 해. 막상 법이 사라지면,
가장 피해를 보는 사람들은 사회적 약자들이기 때문이야.
가지지 못한 자, 배우지 못한 자, 몸이 약한 자 등등 이 사회
에서 자신의 목소리를 내는 것조차 버거운 이들이 제일 먼
저 희생돼. 역으로 말하자면, 이런 사람들 때문에라도 건강
한 법치주의가 필요하다고 할 수 있지.

노파심에서 말하자면, 21세기를 살아가는 대한민국의 법
체계에 대해 불신을 가진 사람들이 많아.

"시대에 뒤떨어진 고리타분한 법 조항이 너무 많지 않아?"
"세상은 하루가 다르게 변하고 있는데, 법은 옛날 모습 그
대로잖아! 사회의 발전상을 법이 못 쫓아가고 있는 거야."
"법이 우리의 발목을 잡고 있어!"

그래, 맞는 말이야. 예를 들어 생각해 보자. 유가 사상이
팽배했던 조선 시대엔 친족끼리 결혼하는 것은 윤리적이지
않다고 봤어. 그래서 동성동본(同姓同本)끼리 하는 결혼은 법
과 관습으로 제한됐지. 요즘 관점으로 보면 이해가 잘 안 되

지? 같은 성씨(姓氏)에 본관(本貫)이 같은 남녀라도 만나서 사랑할 수 있잖아! 하지만 법을 무시하고 결혼한다면 사회적으로는 부부로 인정받을 수 없었어.

이처럼 법의 불합리성을 문제로 인식하고 변화를 바라는 이가 많으면 법도 결국엔 변하게 되어 있어. 사회적으로도 동성동본을 계속 따지는 게 문제였던 것은 한국에서 본관을 확실히 증명하는 게 난망(難忘)한 일이었기 때문이야. 조선 중기 이후에 족보를 위변조해서 양반 행세하는 사람이 급증했고, 일제강점기와 한국전쟁을 거치면서 행정 문서가 소실되는 경우도 많았거든. 이 때문에 동성동본 금혼 규정이 문제가 많다는 걸 사람들은 알고 있었지만, '유림'을 중심으로 한 보수 세력에 의해 끈질기게 살아남은 거야.

유림(儒林)

유교의 가르침을 따르고 익히는 사람들이라고 보면 돼. 성리학의 나라인 조선에서 선비들을 지칭하던 말이야. 조선이란 나라가 사라졌지만, 유교를 계속 따르고 익히는 사람들이 있겠지? 그 사람들을 의미해. 유교에 입각해 사회문제를 판단하고, 행동하는 사람들이지. 누군가에겐 고루하고, 시대에 뒤떨어져 보일 수도 있지만, 이건 철학과 신념의 문제야. 그 사람들은 자신이 익히고 배운 학문과 철학을 가지고 세상을 바라보는 거야. 그 생각은 존중해 줘야 해. 다만, 이런 확고한 철학 없이 자신들의 이익을 위해 자기 멋대로 해석한 유교를 내놓거나 앞뒤 문맥을 다 잘라 버리고, 자기네 입맛에 맞는 잣대를 만들어 들이대는 이들이 문제야.

성선설 vs 성악설

그사이 동성동본임을 모르고 결혼했거나, 알면서도 서로 사랑하기에 결혼을 감행한 부부들은 심각한 고통을 받아야만 했어. 국가도 이런 고통을 알기에 몇 번에 걸쳐 특례법을 만들어 이들을 구제해 준 적도 있지. 하지만 법이 근본적으로 바뀌지 않는 한 실질적인 해결책은 될 수 없었어. 이 때문에 1997년 7월 16일 헌법재판소는 동성동본 금혼 규정에 대해 헌법 불합치 결정을 내려 효력을 중지시켰고, 2005년 3월 2일에 국회가 민법 개정안을 의결함으로써 폐지되게 돼.

갑자기 결혼 문제를 길게 얘기한 것 같지만, 여기서 강조하고 싶은 바는 바로 이거야.

"법은 늦게 변한다."

급변하는 현실을 반영해 법을 빨리빨리 개정하면 좋을 것 같지? 국민을 위해서도, 나라 발전을 위해서도 그게 좋다고 생각할 거야. 그러나 여기서 우리가 꼭 짚어 봐야 하는 부분이 있어. '법은 사회 윤리의 마지노선'이라는 거야.

예를 들어 생각해 보자. 철수와 영철이가 같이 놀다가 싸움이 붙었어. 처음엔 단순한 말싸움이었는데, 감정이 격해지자 멱살을 붙잡게 되고, 급기야 주먹다짐을 벌이게 돼. 법으로 따지자면, 둘은 쌍방폭행을 한 셈이 되지. 친구끼리 놀다가 치고받고 한 경우 서로 사과하고 화해하면 끝나는 게

마지노선

1차 세계대전 당시 처참한 참호전을 겪은 프랑스가 다시는 이런 전쟁을 하지 않겠다고, 독일 국경 근처에 구축한 요새야. 1927년부터 건설에 들어가 1936년에 완성됐어. 160억 프랑이란 어마어마한 금액을 투자했지만, 정작 제2차 세계대전 당시 독일군이 마지노선이 아니라 벨기에 쪽(정확히 말하면 아르덴 숲)으로 치고 들어오면서 무용지물이 됐지. 현대에는 '최후의 방어선', '넘지 못하는 선' 등을 일컬을 때 사용하곤 해. 아, 마지노라는 이름은 당시 육군 장관이었던 앙드레 마지노의 이름에서 유래한 거야.

프랑스는 라인강을 따라 동부 국경에 요새선(要塞線)을 구축했다.

보통이야. 일상적인 사회생활의 규범이라 할 수 있는 '도덕' 차원에서 원만히 해결하면 되는 거야. 하지만 도덕 차원에서 해결하지 못하는 경우 최종적으로 법정으로 가게 돼.

즉 법은 인간 사회에서 최후에 꺼내 드는 윤리 규범이란 소리야. 그렇기에 법은 상당히 보수적으로 변할 수밖에 없어. 특정 정당이나 지배층에 유리한 식으로 법이 획획 바뀐

성선설 vs 성악설

다면 사회가 어떻게 되겠어? 법은 사회 윤리의 마지노선이기에 최대한 신중하고, 조심스럽게 접근해야 하고, 개정이나 폐지할 때도 보수적으로 할 수밖에 없는 거야.

법을 잘못 인식하면 불편하고 무섭게 보일 수 있어. 그러나 한비자가 그랬듯이 이 두렵고 딱딱한 법이 세상을 바꾸고, 우리를 지켜 준다는 걸 잊지 말았으면 좋겠어. 그렇기에 우리는 '법치'가 잘 지켜지고 있는지, 법이 귀한 사람들에게 아부하는 게 아닌지 잘 감시해야 해. 그게 우리 자신을 지키는 일이고, 우리 사회를 건강하게 만드는 길이기 때문이야.

2024년 12월 3일 밤 10시 23분에 윤석열 대통령은 용산 대통령실에서 긴급 대국민 담화를 했어. 국회가 범죄자 집단의 소굴이 됐고, 민주당이 입법 독재를 통해 국가의 사법 행정 시스템을 마비시키고, 자유민주주의 체제의 전복을 주도하고 있어서 자유 대한민국을 수호하고, 종북 반국가 세력을 척결하고, 자유 헌정 질서를 지키기 위해 비상계엄을 선포한다고 한 거야. 계엄사령부는 포고령까지 발표했어.

12.3 내란을 어떻게 봐야 할까?

1. 국회와 지방의회, 정당의 활동과 정치적 결사, 집회, 시위 등 일체의 정치활동을 금한다.
2. 자유민주주의 체제를 부정하거나, 전복을 기도하는 일체의 행위를 금하고, 가짜뉴스, 여론조작, 허위선동을 금

한비자를 위한 변명

한다.

3. 모든 언론과 출판은 계엄사의 통제를 받는다.

4. 사회혼란을 조장하는 파업, 태업, 집회행위를 금한다.

5. 전공의를 비롯하여 파업 중이거나 의료현장을 이탈한 모
   든 의료인은 48시간 내 본업에 복귀하여 충실히 근무하
   고 위반시는 계엄법에 의해 처단한다.

6. 반국가세력 등 체제전복세력을 제외한 선량혼 일반 국민
   들은 일상생활에 불편을 최소화할 수 있도록 조치한다.

그날 전쟁이 일어난 것도 아니었고 사회가 극도로 혼란스러운 상황도 아니었는데, 뜬금없는 비상계엄으로 국민의 일상이 무너지고 대한민국이 극심한 혼란에 빠졌어. 윤석열은 비상계엄 선포를 정당한 통치행위라고 주장했지만, 국회의 비상계엄 해제 요구 결의안 표결과 시민들의 극렬한 저항에 부닥쳤어. 실직적 요건을 갖추지 못한 불법이자 위헌인 비상계엄은 결국 실패로 돌아갔지.

2장
《한비자》의 가르침

《한비자》를 읽기 전에

《한비자》란 책을 말하기 전에 몇 가지 유의 사항, 아니, 참고 사항을 말하려고 해. 책 하나 소개하는데 너무 유난을 떠는 것 아니냐는 얘기를 들을 것 같기도 하지만, 사람의 생각에 영향을 끼치는 게 책이기 때문에 조금 조심스럽게 접근하려고 해. 생각이 변하면 행동이 변하고, 행동이 변하면 한 사람의 인생이 바뀌게 되는 거잖아?

"《한비자》가 그렇게 위험한 책이에요?"

이렇게 반문할 수도 있겠는데…. 그런 뜻은 아니야. 세상엔 진실을 감추거나 왜곡하는 악서(惡書)도 물론 존재해. 이런 책은 당연히 걸러서 봐야겠지. 하지만 자기 생각을 '의견'으로 주장하는 것이라면, 그 내용이 어떻든 간에 세상에 나올 명분은 있어. 그 의견에 귀를 기울일지 말지는 사람들이 판단할 문제겠지만 말이야.

내가 《한비자》를 읽기 전에 당부하고 싶은 것은 책이란 등장할 당시의 시대상을 반영하고 있다는 측면이야. 그러니까 시간이 흐른 뒤에는 책의 내용이 현재 상황과 부합하지 않을 수도 있고, 다르게 해석될 수도 있다는 거야. 이와 관련해서 크게 세 가지 정도로 참고 사항을 말할게.

첫째, 한비자(韓非子)가 살던 시대의 특성을 살펴야 해. 한비자가 태어나 활동하던 시기는 전국시대 말기였어. 특히 진나라가 힘을 키워서 천하통일을 위해 뛰쳐나오려 하던 시기라는 거야. 한마디로 '전쟁'의 규모가 이전 시대보다 훨씬 광범위하고 피해의 정도도 훨씬 커졌다는 사실을 간과하면 안 돼. 전쟁 포로 수십만 명을 땅에 파묻어 버리는 일이 일어날 정도로 비상식적인 일이 일상으로 일어나던 때였어. 이런 끔찍한 시대였기에 한비자는 공자가 주장한 인(仁)이나 예(禮) 같은 고상한 말보다는 실질적으로 활용할 수 있는 '법'을 들고나온 거야.

혹자는 《한비자》란 책에는 사상이나 이념이 없다면서 "군주들의 제왕학 교과서"라거나 "철학은 없고, 기술만 가득한 책"이라고 깎아내리는 경우도 있지만, 이런 부분도 당시의 시대를 고려해서 봐야 할 필요가 있어. 공자 편, 묵자 편에서 상세히 얘기했듯이 춘추전국시대를 거치면서 수많은 사상이 차고 넘칠 정도로 나왔잖아? 당시 사상가들의 책을 보면 혼란한 국면을 다스릴 방안에 대해 나름대로 생각을 내놓기는 했지만, 구체적으로 무엇을 어떻게 적용해야 한다는 방법적 측면까지 이야기한 경우는 드물어. 즉 이론은 많았지만, 그 이론을 실천할 방법론이 없거나 부족했다는 소리야. 개인적인 판단이지만, 한비자는 넘쳐 나는 이론 대신 실질적으로 난세를 극복할 실천적인 방법에 치중해서 책을 엮은 것 같아.

둘째, 한비자가 바라본 세상이 과연 맞을까를 살펴야 해. 한비자는 모든 사람이 각자 자신의 이익을 위해 살아간다고 파악했다고 했지? 한비자의 논리를 따르면 사람이 사람을 좋아하는 것에는 자신의 이익과 맞물리는 이유가 있어. 이른바 '목적'이 있다는 거야.

"그 사람은 돈이 많아."
"그 사람이 높은 자리에 있기 때문이지."
"그 사람 부모님이 땅을 많이 갖고 있다고 하더라고…."

이런 여러 가지 이유로 사람들은 누군가를 좋아하고 가깝게 지내려고 해. 한비자는 부모가 딸이 태어나면 죽이는 행동에 관해 설명하면서 아들은 성장하면 재산을 불려 주기 때문이라고 했어. 그러니까 인간의 본성에는 이해관계만 존재하지 도덕이나 예의가 끼어들 틈이 없다는 거야. 어때? 상당히 냉정하지?

《한비자》의 가르침

하지만 분명한 건 세상에는 예외도 있다는 거야. 이런 식의 '대가'나 '목적'을 생각하지 않는 인간관계도 있어. 대표적인 게 부모가 자식을 사랑하는 경우겠지. 여기에 어떤 이유나 목적이 있다고 생각해? 부모와 자식 관계를 보는 한비자의 생각이 과연 맞을까?

한비자의 말이 맞을 수도 있고, 틀릴 수도 있어. 각자 처한 상황과 시대에 따라 윤리나 세계관이 달라질 수 있기 때문이야. 오늘날의 관점으로 본다면, 딸이 태어나면 이득이 되지 않기 때문에 부모가 딸을 죽인다는 얘기를 이해할 수 없을 거야. 이런 이유로 자식을 죽인다면 아동 살해죄로 부모는 법의 심판을 받겠지. 하지만 한비자가 이런 말을 했던 까닭은 그가 살던 시대가 너무 혹독했기 때문이야.

"철학은 그 시대의 자식이며, 동시에 그 시대를 반영한 거울이다."

한비자를 냉혈한이라고 판단하기 전에 이 말을 꼭 기억해 둬. 시대와 동떨어진 철학은 없어. 그리고 한편으로 모든 철학은 탄생했던 시대를 반영하고 있어. 그러니까 한비자가 살던 시대는 부모가 자식을 죽이고, 왕이 신하를 믿지 못하고, 신하가 왕을 죽이려고 호시탐탐 기회를 엿보던 상황이었다는 거야. 그렇기에 냉혹하고 무자비한 《한비자》란 책이

나온 거야.

《한비자》를 읽을 때
주의해야 할 점

그러니까 한비자의 생각 중에는 그때는 맞지만 지금은 틀린 것도 있다는 걸 알아 둬. 이건 비단 《한비자》에 국한된 문제가 아냐. 우리가 명작 혹은 고전이라고 평가하는 책들은 짧으면 몇십 년, 길게는 수천 년 전에 만들어진 거야. 책을 읽는 현재 우리의 시대와 맞지 않는 부분이 분명히 있어. 이런 변화를 인식해야만 책을 '제대로' 읽을 수 있어. 그러니까 《한비자》를 읽을 때 이점을 염두에 두길 바라.

셋째, 《한비자》를 읽어야 할 사람이 따로 있을까를 생각해 봐야 해. 몇 년 전에 대기업 신입사원 강연을 하러 간 적이 있어. 그때 한 신입사원이 내게 이런 질문을 했어. "제 성격이 조금 내성적입니다. 리더십(Leadership)을 함양하기 위한 좋은 방법이 없을까요?" 이 질문을 받고 한참 머뭇거린 기억이 나. 개인적으로 한국 사회는 리더십 교육이 너무 과잉돼 있다고 생각해. 강연할 당시 나는 '지금 한국 사회에는 리더십보다는 팔로어십(Followership)이 중요한 게 아닐까?' 하는 생각을 할 때였어.

여기서 말하는 팔로어십이란, 경영이나 인사, 심리학 쪽에서 조직문화 개선을 위해 강조하는 '리더를 따르는 사람들이 가져야 할 마음가짐'이 아니라 '리더가 되지 못한 사람, 리더로서의 삶을 거부한 사람, 리더가 되기 싫은 사람들을 위한 철학 혹은 생각'을 말해.

한번 냉정하게 생각해 보자. 리더십이 필요한 사람은 한 무리의 리더가 된 사람들일 뿐이야. 사회 전체로 보면 리더의 자리에 앉아 있는 사람은 전체 사회의 1퍼센트 내외라고 할 수 있지. 그런데 우리나라는 모든 사람에게 리더십이 필요하고, 리더십을 발휘해야 한다고 강조하고 있어. 웃기지 않아? 사실 한국 사회에서 말하는 '리더십'의 정체는 대부분 중간 관리자들이나 소규모 집단에서 원활한 상명하복(上命下服)을 위한 '기술' 정도에 불과해(개인적인 생각이지만).

조금 더 냉정하게 말하자면, "한국 사회에 진정한 리더가 있을까?"라는 질문을 던져야 한다고 생각해. 현재 대부분의 사람들은 '리더'라는 단어를 들으면, 어떤 식으로 조직을 이끌고, 어떤 목표를 제시할까를 고민하려 하기보다는 조직의 우두머리로 군림하는 사람을 앉혀야 한다는 걸 먼저 떠올려. 이런 상황에서 올바른 리더십을 기대한다는 게 가당키나 해?

그렇기 때문에 난 우리 사회에서 팔로어십을 말하고 싶어. 물리적으로 100명 중 1명만이 리더가 될 수 있다면, 리더십을 배우기 위해 골머리를 썩이기보다는, 내 인생을 위해 리더가 아닌 팔로어로서 살아가는 마음가짐을 익히는 편이 더 낫지 않을까? 내가 리더십에 관한 이야기를 길게 늘어놓은 이유는 바로 《한비자》란 책의 성격 때문이야. 만약 이 책이 군주가 신하들을 통제하는 방법을 기술한 제왕학 교과서라면, 굳이 일반인이 이걸 읽을 필요가 있을까? 어떻게 생각해?

내 대답은 간단해. 그러니까 더 많은 사람들이 읽어야 한다는 거야. 통치하는 자들이 어떻게 생각하고, 어떤 기술(?)을 쓰는지를 알아야 당하지 않을 것 아냐?

"지금은 민주주의 시대잖아요?"
"왕이 있던 시절하고는 다르지 않아요?"

맞아. 다르지. 그러나 권력의 본질은 달라진 게 없어. 감시하고 견제하지 않으면 권력은 본색을 드러내기 마련이야. 정치 체제도 마찬가지야. 끊임없이 제도를 보완하고, 권력자를 감시하고 견제해야 해.

민주주의 체제에 의해 삼권이 분립되면 꽤 안정적으로 국가가 운영될 수 있어. 하지만 민주주의 사회라고 해서 권력이 올바른 방향으로만 쓰이는 건 아니야. 영국이란 나라, 잘 알지? 축구의 본고장이고, 한때 전 세계 4분의 1을 지배한 나라지. '해가 지지 않는 나라'란 말로도 유명하잖아. 영국은 본토 크기만 놓고 보면 남북한을 합한 크기랑 비슷해. 이 작은 나라가 인도를 통치했어. 그것도 200년간이나 말이야.

국토, 인구만 놓고 본다면 도저히 말이 안 되는 이야기지.

《한비자》의 가르침

그런데 그런 일이 실제로 일어났고, 식민 통치를 통해 영국
은 어마어마한 부를 축적했어. 여기서 궁금증이 들지 않아?
영국은 과연 어떤 방법으로 그 큰 인도를 통치한 걸까? 영국
이 인도를 200년간이나 통치할 수 있었던 비밀은 딱 한 가
지였어.

영국이 인도를
통치한 방법

"분열시켜 통치한다(Divide and rule)."

영국은 인도를 분열시켰어. 종교, 인종, 지역 간 차별 등등
분열시킬 수 있는 모든 '꼬투리'를 찾아내서 인도인을 철저하
게 나눠 버린 거야. 분열시킬수록 통치하기에 유리했기 때
문이야. 우리 상황을 생각해 봐. 한국전쟁 당시 남과 북으로
갈라져서 싸우느라 소모한 국력이 얼마일까? 휴전선 250킬
로미터에 배치돼 있는 군인들을 당장 직장이나 학교로 돌려
보내기만 해도 우리 사회는 많이 바뀔 수 있을 거야. 아무튼
인도가 영국의 식민지배에서 벗어난 지금도 상당한 영향이
남아 있어. 몇 가지 예를 들어볼까?

우리가 인도 하면 떠올리는 카스트 제도라는 게 있지? 브
라마, 크샤트리아, 바이샤, 수드라로 나눠 사람들을 차별하
잖아? 인도는 카스트 제도를 철폐하기 위해 애쓰고 있지만,
21세기인 지금까지도 인도 발전의 발목을 잡고 있어. 그런
데 이 카스트 제도를 확대한 게 영국이었어.

원래 인도에서 카스트 제도는 확립된 사회 제도가 아니었어. 즉 신분 제도가 아니었다는 소리야. 불가촉천민으로 분류돼 평생 노예의 삶을 살아야 할 것 같은 수드라 계층도 옛날에는 마을을 떠나는 순간 카스트가 따라오지 않았어. 그런데 영국이 인도를 지배하면서부터 수드라는 평생 수드라로 살게 했고, 식민 군대도 철저히 카스트에 입각해 편성했지.

영국은 식민지배를 위해 종교와 지역마저 철저히 분열시켰어. 영국이 인도를 지배하기 전만 해도 다른 종교, 그러니까 힌두교, 이슬람교, 시크교는 서로 존중하고 배려했어. 하지만 영국은 이들 종교의 화합을 방해하고 분열을 조장해 서로를 적대하게 만들었어. 지역감정도 마찬가지야. 독립 후 인도가 인도, 파키스탄, 방글라데시로 나뉘어 네 번이나 전쟁을 치른 배경을 보면 식민지배 당시 영국이 교묘하게

67

분열을 조장했기 때문임을 알 수 있어.

분열시켜서 통치하는 방법은 영국만의 전매특허는 아냐. 식민지배를 한 제국주의 국가들이 기본적으로 사용하는 통치 방법이었지. 손쉽게 식민국가를 휘어잡고 다스리기 위해 이 방법을 써먹은 거야. 이건 동서양을 떠나 공통된 방식이야. 왜 그럴까. 생각해 보면 너무나 당연한 게 지배하는 자는 소수에 불과하지만 통치 대상은 수백, 수천만 명을 넘어가기 때문이지. 식민국가의 백성이 똘똘 뭉쳐서 왕을 몰아내겠다고 덤벼들면 어떻게 될지 한번 생각해 봐.

우리나라에 지역감정이 있다는 것 다들 알지? 특정 지역 사람들을 의도적으로 폄하하고, 무시하고, 비하하기까지 하지. 지역감정은 우리만의 문제는 아냐. 분리·독립을 위해 테러를 저지르거나 무장투쟁을 벌이는 곳도 있어. 민족이 다르거나 한때 다른 국가로 살았거나 치유하기 어려운 뼈아픈 '사건' 같은 게 원인인 경우도 있어. 이와 비교하면 한국은 지역감정이 일어날 만한 외부적 요건은 거의 없다시피 해. 하지만 권위주의 정부가 나라를 다스리기 위해, 혹은 정치적인 이익을 얻기 위해 일부 지역을 일부러 배제하는 일을 저질렀지. 그 결과 고질적인 지역감정의 피해를 고스란히 국민들이 떠안고 있는 상황이야.

이런 역사적인 잘못을 반복하지 않으려면 통치자들이 어떤 생각을 하는지, 말도 안 되는 법을 만들어 사람들의 삶을

《한비자》의 가르침

테러

사전적 의미로는 '공포' 혹은 '두려운 일' 정도로 볼 수 있어. 현대에 들어와 테러는 공포를 조장해서 정치적 목적 혹은 개인적 목적을 달성하기 위한 수단으로 변모했어. 9.11 테러가 발생한 이후 이슬람교를 믿는 이들을 색안경을 끼고 바라보게 된 것도, '테러와의 전쟁'을 명분으로 이라크와 아프가니스탄을 미국이 침공한 것도, 그 이후 전 세계에서 벌어진 수많은 자살폭탄 테러와 총기난사 사건도 이 '테러'란 단어 때문에 시작됐다 할 수 있지.

2001년 9월 11일 미국 뉴욕의 세계무역센터 쌍둥이 빌딩과 워싱턴의 국방부 건물인 펜타곤에 가해진 9.11 테러로 3000명이 넘는 인명피해가 발생했고, 이 사건을 계기로 미국의 안보 정책이 근본적으로 바뀌었다.

피폐하게 하지 않는지, 국민에게 위임받은 권력을 올바르게 사용하는지, 하나하나 자세히 살펴야 해. 만일 통치자들이 국가의 이익, 국민의 이익을 생각하지 않고 사익을 위해 국민을 분열시킨다면? 반대 목소리를 분명히 내야 해.

이를 위해 우리는 《한비자》 같은 책을 제왕학 교과서로 한정하지 말아야 해. 이런 책은 리더가 될 사람이나 읽는 것

이라고 치부할 게 아니라 민주 시민의 교양으로서 읽을 만
한 가치가 있는 책이라고 보면 어떨까? 법가 사상의 완결판
이자 인간 본성에 대한 냉정한 분석이 들어가 있는 철학서
로 생각하고 도전해 보면 좋겠어.

《한비자》의 가르침

법가 사상의 종합

《한비자》란 책을 설명할 때 난 이런 비유를 쓰곤 해.

"《도덕경(道德經)》이 시라면, 《한비자(韓非子)》는 소설이다."

노자의 사상을 담은 《도덕경》은 겨우 5000자 정도로 이뤄진 책이야. 반면 《한비자》는 10만 자가 넘는 방대한 분량이지. 《도덕경》은 행간 속에 숨어 있는 뜻을 파악해 음미해야 하는 책이야. 시와 같다고 할 수 있어. 반면 《한비자》는 이야기가 있는 재미있는 소설과 같아. 앞에서도 말했지만 《한비자》는 문장이 아주 유려해. 군주에게 올리는 글이었기 때문에 표현력이 뛰어나고 이해하기 쉽도록 상당히 많은 우화나 역사적 사실을 언급하고 있어. 대충 헤아려도 400개 가까이 돼.

《이솝 우화》처럼 재미난 이야기책 같기도 하지만 실상 책에 소개된 우화나 역사적인 이야기는 군왕의 권력을 강화하

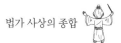

법가 사상의 종합

고, 지켜주고, 나라를 통치하는 것을 목적으로 쓰였어. 《한비자》에 나오는 내용 중 60퍼센트가 넘는 분량이 '술(術)'에 관해 설명하거나 찬양하는 내용이야. 술이 뭐냐고? 《한비자》에 나와 있는 정의를 보기로 할까?

한비자의 통치 기술

술(術)이란 군주가 신하의 능력에 따라 관직을 주고, 명분에 따라서 실적을 추궁하며 죽이고 살리는 칼자루를 쥐고 여러 신하들의 능력을 시험하는 것으로써 이것은 군주가 잡고 있어야 한다.

—《한비자》 정법(定法)편 중에서

술이란 간단히 말해서 권모술수(權謀術數), 그러니까 인정이나 도덕을 생각하지 않고 오로지 목적을 위해서 수단과 방법을 가리지 않고 쓰는 교묘한 술책을 말해. 한비자는 군주가 신하를 제어하는 방법에 대해서 자세하게 기록했어. 예를 들어 볼까?

위나라 영공 때 미자하가 영공의 총애를 받고 위나라 정치를 자기 마음대로 하고 있었다. 한 난쟁이가 영공에게 말했다. "제 꿈이 맞았습니다." 그러자 영공이 물었다. "어떤 꿈이었느냐?" 난쟁이가 대답했다. "꿈에 아궁이를 보았는데, 그것이 왕을 뵙게 될 징조였습니다." 영공이 노하여 이렇

게 말했다. "내가 듣기에 왕을 배알하는 자는 태양을 꿈꾼다고 들었다. 그런데 나를 만나는데 하고 많은 물건들 중 하필이면 아궁이를 보았다니 무슨 뜻이냐?" 난쟁이가 대답했다. "원래 태양이라는 것은 천하를 두루 비추는 것으로서 한 사물을 가지고 그 빛을 막지 못하는 법입니다. 이와 같이 왕께서는 나라 안의 모든 사람을 두루 비추고 계시므로 단 한 사람만을 가지고는 그 빛을 막을 수 없는 것입니다. 그래서 왕을 만날 자는 태양을 꿈꾸게 되는 것입니다. 그러나 아궁이의 불이라는 것은 한 사람만 그 앞에서 불을 쬐고 있어도 뒤에 선 사람이 불빛을 볼 수가 없습니다. 지금 누군가가 군주 앞에서 불을 쬐고 있습니다. 그러니 제가 꿈에 아궁이를 본 것도 당연하지 않겠습니까."

[…]

사람의 말을 관찰하고 받아들일 때, 단 한 사람의 말만 듣고 다른 사람의 말을 참작하지 않으면 진실은 군주의 귀에 들어가지 않는다. 군주가 신하의 말을 들을 경우 마치 집에 출입문이 하나밖에 없듯 하면 그 신하는 군주의 총명을 흐리게 하는 수가 있다.

—《한비자》내저설(內儲說) 상 칠술(七術)편 중에서

한비자는 군주가 신하들을 다스리는 방식을 세세하게 기록했어. 이게 바로 7술(七術)인데, 첫 번째가 참관(參觀)이야.

군주가 신하를
다스리는 방식

법가 사상의 종합

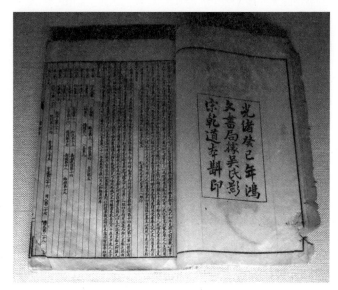

중국 후난성 박물관이 소장하고 있는 청나라 시대에 간행된 《한비자》

여러 신하의 말을 두루 참조하고 관찰하라는 거야. 한마디로 얘기해서 군주의 눈과 귀가 가로막히면 안 된다는 소리지. 《한비자》에 이런 내용이 많이 담겨 있다 보니 신하들의 입장에서 왕이 이런 책을 읽는 게 달가울 리 없었겠지. 그래서 "왕은 남들이 볼 때는 《논어(論語)》를 읽고, 혼자 있을 때는 《한비자(韓非子)》를 읽는다"라는 말이 나올 정도가 됐어.

《한비자》의 구성　　전체적으로 《한비자》는 55편으로 구성돼 있어. 간단히 설명할게.

1. 초견진(初見秦)　한비자가 진나라 왕에게 올린 글이야.

　　　　　　　　　　　　　　　　　《한비자》의 가르침

2. **존한**(存韓) 한나라를 지키기 위해 진나라 왕을 설득하는 글이지.

3. **난언**(難言) 설득의 어려움을 말해.

4. **애신**(愛臣) 한마디로 말해서 똑똑한 군주라면 아끼는 신하라 할지라도 분수에 맞게 월급과 권한을 줘야 한다는 내용이야. 그래야만 신하들이 나쁜 마음(반란)을 품지 않는다고 말해.

5. **주도**(主道) 거칠게 풀면 '군주의 길'인데, 아무것도 하지 않음으로써 다스린다는 걸 말해.

6. **유도**(有度) 신하들에게 법을 철저히 적용시키라고 말해.

7. **이병**(二柄) 한비자 제왕학의 핵심이라고 해야 할까? 상과 벌을 주는 권한을 쥐고 있어야만 군주로서 군림할 수 있다고 말해.

8. **양권**(揚權) 권신(權臣, 권세 있는 신하)의 힘을 약하게 해야 한다고 말하고 있어.

9. **팔간**(八姦) 신하들이 간악하게 되는 방법과 과정을 8개로 나눈 편인데, 왕과 침실을 같이 쓰는 사람(배우자겠지?)을 활용하는 방법, 배우나 광대, 기생들과 같이 군주를 가까이 모시는 자들을 이용하는 방법과 같이 왕의 권한을 침해하는 방법을 정리했어.

10. **십과**(十過) 군주가 나라를 잃어버리는 원인을 정리했어.

11. **고분**(孤憤) 법가를 주장하는 이들의 고독한 항변이라고

법가 사상의 종합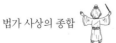

해야 할까?

12. **세난(說難)** 난언편과 비슷한 이야기를 해.

13. **화씨(和氏)** 고분편과 비슷하게 법술에 의한 통치가 이뤄지지 않는 것을 한탄해.

14. **간겁시신(姦劫弒臣)** 군주를 해치는 신하의 유형을 매우 세밀하고 치밀하게 분석했어.

15. **망징(亡徵)** 나라가 망할 것이라는 징조에 대해 분석했어.

16. **삼수(三守)** 개인적으로 한비자의 통찰력에 무척 놀란 부분인데, 왕권을 지키기 위해 반드시 지켜야 할 세 가지를 써 놓았어. 사람을 통치하는 사람들이 늘 쓰는 방식이지. (그래서 놀랐어.)

17. **비내(備內)** 한비자가 '피도 눈물도 없구나'라는 걸 느낄 수 있는 내용이 담겼어. 한마디로 부인이나 자식도 믿지 말라는 내용이야.

18. **남면(南面)** 신하들을 상호 견제하게 하고, 내뱉은 말에 책임을 지게 함으로써 왕이 군림할 수 있도록 하는 내용이야. 《한비자》가 신하들에겐 꽤 무서운 책인 걸 확인할 수 있는 대목이지.

19. **식사(飾邪)** 법이 최고의 기준이라는 걸 말해.

20. **해로(解老)** 노자에 관해 쓴 글이야.

21. **유로(喩老)** 역시나 노자에 관해 썼어.

22~23. **설림(說林) 상·하** 옛날이야기를 정리해 놓았어.

24. 관행(觀行) 행동의 관찰에도 역시 법술의 기준이 필요하다고 말해.

25. 안위(安危) 나라를 지키는 원칙이 나와 있어.

26. 수도(守道) 나라를 지키는 방법에 대해 적혀 있어.

27. 용인(用人) 군주가 사람을 쓰는 법에 대해 나와 있어.

28. 공명(功名) 군주가 공을 세우는데 필요한 것들에 관해 나와 있어.

29. 대체(大體) 군주와 신하 간에 관계를 유지하는 방법에 대해 나와 있어.

30. 내저설(內儲說) 상 그 유명한 칠술(七術)이 나오지. 신하들을 다스리는 일곱 가지 방법과 사례가 나와 있어.

31. 내저설(內儲說) 하 군주가 감지해야 할 나쁜 징조에 대해 정리했어.

32~35. 외저설(外儲說) 한비자 사상의 핵심이자 《한비자》란 책의 가장 중요한 부분이야. 법(法), 술(術), 세(勢)가 왜 필요한지에 대해 나와 있어.

36~39. 난(難) 한비자가 역사를 비평한 내용이야.

40. 난세(難勢) 세(勢)에 대한 이야기가 나와.

41. 문변(問辯) 변론이 필요한가에 관해 이야기해.

42. 문전(問田) 당계공과의 문답을 보며 울컥했던 내용이야. 한비자에 대해 권력만을 추구하는 야심가 혹은 인간 불신에 휩싸인 냉혹한 법가 사상가로 치부하는 사람들

 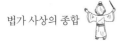

심도(心度)
해로(解老)
대체(大體)
난(難)
유로(喻老)
설림(說林)
식사(飾邪)
공명(功名)
비내(備內)
세난(說難)
현학(顯學)
양권(揚權)
용인(用人)
팔설(八說)
초견진(初見秦)
팔간(八姦)
애신(愛臣)
십과(十過)
수도(守道)
고분(孤憤)
유도(有度)
팔경(八經)
존한(存韓)
관행(觀行)
삼수(三守)
화씨(和氏)
간겁시신(姦劫弑臣)
안위(安危)
문변(問辯)
난언(難言)
남면(南面)
이병(二柄)
망징(亡徵)
주도(主道)
문전(問田)
설의(說疑)
정법(定法)

이 많은데, 한비자의 진짜 속내를 확인할 수 있는 대목이야. 당계공이 법가 사상가들의 비참한 최후를 말하며 한비자를 말리는데, 이때 한비자가 자기 뜻을 말해.

"자기 목숨의 위험을 피하며, 처세를 조심하고, 백성의 이익을 생각하지 않는 것은 이기적이며 천한 행동입니다. 나는 이기적이고 천한 행동을 하고 싶지 않으며, 인자나 현자의 행동을 비난하고 싶지도 않습니다. 당신은 나의 행복을 바라고 있지만, 그것이 오히려 나의 덕을 해치고 있는 겁니다."

어때? 한비자를 다시 보게 되지 않아?

43. **정법**(定法) 법과 술의 관계를 설명하고 있어.
44. **설의**(說疑) 군주의 눈을 가리는 사기꾼을 경계하라는 내용이야.
45. **궤사**(詭使) 법과 술에 의한 통치를 하지 않는 현실을 걱정하는 내용이야.
46. **육반**(六反) 백성들에게 욕을 먹지만 군주에게 이로운 사람과 백성들에게 칭찬을 듣지만 군주에게 나쁜 사람에 관해 설명해 놓았어.
47. **팔설**(八說) 법치에 반하는 여덟 종류의 인간 유형을 비

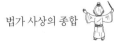

법가 사상의 종합

판하는 내용이 나와 있어.

48. 팔경(八經) 여덟 가지의 통치 원칙을 말해.

49. 오두(五蠹) '다섯 가지 좀벌레'란 뜻인데, 한비자가 작정하고 욕하는 대상이야. 첫째가 유가(儒家)지. 이 부분을 보면 유학자들이 한비자를 왜 싫어하는지 알 수 있을 거야.

50. 현학(顯學) 유가(儒家), 묵가(墨家)를 비판해. 아주 심하게!

51. 충효(忠孝) 딱 봐도 유가에서 말하는 충효(忠孝) 사상을 말하는 것 같지? 맞아. 유가의 충효 사상을 대놓고 비난해.

52. 인주(人主) 군주로서 신하를 대하는 자세에 대해 말해.

53. 칙령(勅領) 법을 확립하고 명령을 제대로 내리면 정치가 안정된다는 내용이야.

54. 심도(心度) 신상필벌(信賞必罰)에 관해 나와 있어.

55. 제분(制分) 상과 벌을 명확히 구별해서 써야 하고, 그로 인한 효과에 대해 나와 있어.

각 편의 내용을 간략히 정리만 했는데도 분량이 만만치 않네. 《한비자》란 책은 한비자가 직접 저술한 것으로 추정되는 글도 있고, 당대 제자백가들을 비판한 내용, 그리고 '도가(道家)', '법가(法家)', '황로(黃老)' 등등의 주장도 담겨 있어. 순자 밑에서 공부한 보람이 있다고 해야 할까? 《한비자》는 이른바 법가 사상의 종합선물세트라고 말할 수 있어.

《한비자》의 가르침

이제까지 고전으로 만나는 진짜 세상 시리즈에서 소개하는 책들에 대해 "읽으면 좋은데, 읽기 힘들면 안 읽어도 좋아"라는 식으로 말했던 기억이 나. 혹시라도 오해할까 봐 말하는데, 이 말은 아무런 준비가 안 된 상태, 그러니까 배경지식이 부족한 상황에서 너무 어려운 책을 읽으면 독서에 대한 흥미가 떨어질까 봐 한 말이야. 언제든 기회가 닿는다면, 이 시리즈에서 소개한 책을 찾아서 직접 읽어 보면 좋겠어. 그런데 이번에 소개하는 《한비자》는 가급적 바로 읽으면 좋겠어.

여러 가지 우화와 역사를 이야기 엮어 내듯 풀어놔서 그리 어렵지는 않을 거야. 골라 보는 재미도 있으니 전체를 다 보지 않더라도 괜찮아. 《한비자》는 현재 우리 일상생활에 쓰이는 고사성어(故事成語)도 많이 나와 있고, 어른들과 사회가 말해 주지 않는 '인간의 본성'에 대한 다른 시각을 보여 주기도 해. 보다가 어려운 대목은 건너뛰어도 좋아.

이 자리에서 55편이나 되는 엄청난 분량을 다 소개할 순 없기에 《한비자》 중에서 개인적으로 중요하다고 생각하는 두 가지 주제를 중심으로 이야기해 볼까 해.

《한비자》의 핵심 주제

첫째, 수주대토(守株待兎)와 동상이몽(同床異夢).
둘째, 법(法), 술(術), 세(勢).

이것이 《한비자》란 책에서 내가 뽑은 핵심 주제야.

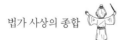
법가 사상의 종합

수주대토(守株待兔)와
동상이몽(同床異夢)

'수주대토(守株待兔)'란 고사성어 들어 봤어?

송(宋)나라에 한 농부가 밭을 갈고 있었다. 밭 가운데에 나무를 베어 내고 밑둥만 남은 그루터기가 있었는데, 하루는 토끼 한 마리가 숲에서 나왔다가 농부를 보고 도망치다 그루터기에 부딪혀 목이 부러져 죽게 됐다. 토끼를 얻은 농부는 다음 날부터 밭에 나와서는 밭을 갈 생각은 없이 쟁기며 농기구를 팽개치고 또 다른 토끼가 그루터기에 부딪히기를 바라면서 그루터기만 지키며 보냈지만 토끼는 다시 얻을 수 없었고, 자신은 송나라에 웃음거리가 되고 말았다.

—《한비자》오두(五蠹)편 중에서

《여씨춘추(呂氏春秋)》에 나오는 '각주구검(刻舟求劍)' 내용과 마찬가지로 '지나간 것에 집착하다가 새로운 상황에 대처하지 못한다'라는 의미로 쓰이는 고사성어야. 간단히 말해

《한비자》의 가르침

케케묵은 옛날 방식만 고집하다간 망하고 만다는 얘기지. 혹은 그 정도로 고지식함을 비꼬는 말이기도 하고.

의미로만 보면 그저 재미난 고사성어를 소개한 건가 싶겠지만, 이 말이 나온 배경을 보면 꽤 진지해져. 먼저 살펴야 할 부분은 이 내용이 실려 있는 편장이야. 오두(五蠹)편이라고 나와 있지? '다섯 가지의 좀벌레'란 뜻이야.

한비자가 비판하는 첫 번째 좀벌레는 바로 유가(儒家)야. 그러니까 수주대토의 주인공인 농부는 '시대의 변화를 눈치채지 못하고, 케케묵은 학설에 매달린 유가'인 셈이야. 유가가 왜 법가와 한비자를 싫어하는지, 그 이유를 이젠 알겠지? '세상이 달라지면, 대처하는 방식도 달라져야 한다'라는 게 한비자의 일관된 주장이야. 여기서 주목해야 하는 건, 당시 그러니까 전국시대 말기라는 시대를 바라본 한비자의 역사관이야.

> 한비자가 유가를
> 비판한 이유

고대에는 남자가 경작을 하지 않았는데, 그것은 초목의 열매만을 먹고도 살 수 있었기 때문이다. 또 부인은 직물을 짜지 않았는데, 그것은 짐승 가죽을 입는 것만으로도 충분했기 때문이었다. 노동하지 않아도 생활 물자는 충족되었고, 백성은 적고 물자는 많았기 때문에 사람들은 물자 때문에 싸우는 법이 없었다. 그 때문에 큰 상을 주거나 무거운 벌을 가하지 않더라도 사람들을 자연히 다스릴 수 있었다.

그러나 오늘날은 다섯 명의 자식을 가지고 있어도 많다고 생각하지 않는다. 그 다섯 명의 자식이 각자 다섯 명의 자식을 낳는다고 하면, 조부의 생존 중에 스물다섯 명의 손자가 있는 셈이 된다. 그 결과 인구는 많아지고 물자는 부족하게 되었으며, 따라서 심한 노동을 하게 되었지만 생활 물자는 여전히 부족하기 때문에 사람들은 싸우지 않을 수 없게 된 것이다. 그리하여 상을 곱으로 주고 몇 번이고 처벌해도 난이 그칠 줄 모르게 된 것이다.

―《한비자》오두편 중에서

사람의 수가 적었을 때는 수렵·채취만으로도 충분히 먹고살 수 있었는데, 사람의 수가 늘어나면서 농사를 짓고, 노동해야 겨우 입에 풀칠을 할 수 있게 됐다고 얘기하고 있어. 학자들이 연구한 결과, 사람이 노동하지 않고 수렵·채취로만 살려면 지구에 사는 사람의 수를 2000만 명 수준으로 맞춰야 한다는 논문을 발표한 적이 있어. 이 연구 결과가 옳은지 틀린지 판단하긴 어렵지만, 현재 82억 명 이상이 지구에 살고 있으니 확실히 인간의 수가 너무 많긴 해.

맬서스가 쓴《인구론》이란 책의 내용은 그 효용이 다한 것 같지만, 21세기인 지금까지도 인구 문제는 중요한 화두가 되고 있어. '프리츠 하버'가 없었더라면, 인류는 지금까지도 굶주리고 있을지도 몰라. 독일의 화학자아인 프리츠 하

맬서스(Thomas Robert Malthus)

18세기 영국의 성직자, 인구통계학자, 정치경제학자야. 《인구론》이란 책을 써서 그야말로 세계적인 슈퍼스타가 됐지. 맬서스의 인구론을 설명할 때 빠지지 않고 등장하는 게 바로 '맬서스 트랩(Malthusian Trap)'이야. '맬서스의 함정'이라고 해야 할까? 간단히 말해서 식량 생산량은 산술급수적(1, 2, 3, 4, 5… 이런 식)으로 증가하지만, 인구는 기하급수적(1, 2, 4, 8, 16… 이런 식)으로 증가한다는 얘기야. 그러니까 인구는 급속히 늘어나는데 이들을 먹여 살릴 식량 생산이 쫓아가질 못한다는 거야. 이 간극을 어떻게 메워야 할까? 맬서스의 주장은 간단해. "인구 증가율을 떨어뜨려야 한다." 가급적이면 결혼이나 출산을 늦춰야 한다는 게 맬서스의 주장이야. 문제는 그 대상인데, 맬서스는 저소득층 인구 그러니까 가난한 사람들의 결혼과 출산을 최대한 늦춰야 한다고 봤어. 이런 이론이 당대는 물론 지금까지도 상당한 영향을 끼치고 있어. 맬서스의 이론에 큰 감명을 받은 영국 총리 윌리엄 피트는 가난한 사람들에 대한 지원을 중단했어. '덮어놓고 낳다 보면 거지꼴을 못 면한다.' 이건 1970년대 우리나라 산아제한 포스터의 문구야. 충격적이지? 저출생을 걱정하는 요즘 세대를 생각하면 격세지감이 들지? 과거 산아제한 정책도 따지고 보면 맬서스의 영향을 받은 것이라고 볼 수 있어.

프리츠 하버(Fritz Haber)

오늘날 지구의 인류가 82억 명을 돌파할 수 있게 된 결정적 계기를 만들어 준 인물이야. 천재 화학자인 동시에 미친 화학자라고 불리기도 해. 이 사람이 없었다면 우리는 지금 태어나지 못했거나 태어났어도 배부르게 먹지 못했을지 몰라. 프리츠 하버의 업적은 한마디로 인공 질소비료를 만든 것이라고 평가할 수 있어. 질소는 식물이 생장하는 데 정말 중요해. 세포 분열과 증식에 꼭 필요하거든. 뿌리나 잎, 줄기의 생육과 양분의 흡수를 왕성하게 해 주기도 해. 문제는 대기 중엔 질소가 많지만 땅엔 충분하지 않다는 거야. 그런데 프리츠 하버가 공기 중에 있는 질소를 인공적으로 농축해 암모니아로 합성하는 방법을 찾아낸 거야. 인공 질소비료의 등장으로 인구는 폭발적으로 증가하게 돼. 맬서스 트

랩을 한 방에 날려 버렸다고나 할까? 여기까지만 보면 프리츠 하버는 최고의 천재 화학자이자 인류의 구원자처럼 보여. 노벨 화학상도 받았으니 말이야. 하지만 프리츠 하버를 말할 때 빠지지 않는 게, 이 사람이 제1차 세계대전 당시 독일을 위해 독가스를 개발했다는 사실이야. 그런데 독일이 전쟁에서 지고 히틀러가 집권했을 때는 프리츠 하버를 쫓아내려고 했어. 하버가 유대인이었거든. 아이러니하게도 프리츠 하버는 자신을 독일인으로 생각했고 심각한 정체성의 혼란 속에서 고뇌워했대.

버가 공기 중에 존재하는 질소를 인공적으로 농축해 암모니아로 합성하여 '인공 질소비료'를 만들어 냈어. 이 덕분에 식량 생산이 폭발적으로 늘어나게 됐어. 식량이 풍부해지자 덩달아 인구도 증가하게 됐지.

프리츠 하버 이전까지는, "인구 증가 속도를 식량 생산 증가 속도가 따라잡을 수 없다"라는 맬서스의 주장이 설득력이 있었지만, 프리츠 하버 덕분에 맬서스의 주장이 깨졌고, 인류는 '비만'을 걱정하게 됐어. 먹을 게 너무 많아 고민되는 요즘이지만, 19세기 말 아니, 20세기 초까지만 해도 인류는 굶주리는 게 일상이었어. 20세기 초까지 인류는 식량 수급에 꽤 제한을 받았거든. 21세기에 들어선 지금 인류는 식량 생산의 문제가 아니라 다른 이유, 그러니까 '분배'의 문제 때문에 인류의 절반이 굶주리고 있는 것이 사실이야. 최소한 지금은 생산의 문제로 굶주리고 있는 건 아니라는 사실을 알아야 해.

《한비자》의 가르침

인류가 식량 문제를 고민하지 않게 된 건 그리 오래되지 않았어. 식량 생산에 대한 걱정이 없어지자 인구가 순식간에 증가했어. 125년 전 세계 인구가 16억 5000만 명 정도였던 걸 생각하면 얼마나 순식간에 인구가 늘었는지 알 수 있지. 의료, 위생, 환경 등의 요소도 작용했겠지만, 인구 증가의 핵심은 식량이었어. 당장 먹을 게 있어야 살 수 있잖아?

한비자가 살던 전국시대 말기도 마찬가지였어. 과거에는 물자가 풍부해서 굳이 법이나 형벌을 가지고 사람을 다스리지 않아도 괜찮았지만, 물자가 부족해지자 인심이 각박해졌고 이 때문에 사람들 사이에 분쟁이 끊이질 않는다는 거야. 이런 혼란한 상황을 막기 위해 법이 필요하다는 게 한비

자의 생각이었지. 이 대목에서 유가도 어느 정도 동의한 부분이 있어. 정치의 방법에 관해 묻자 맹자가 이렇게 대답했거든.

"경제력을 갖춘 백성은 바른 마음으로 살지만, 생업이 없는 백성은 바른 마음으로 살기 어렵다."

"무항산 무항심(無恒產 無恒心)"을 말한 거야. 영화 〈웰컴 투 동막골〉을 보면 인민군 병사가 동막골 이장에게 어떻게 마을 사람들을 이렇게 잘 이끌 수 있느냐 하고 묻는 장면이 나와. 이때 시골 촌부인 이장이 하는 말이 걸작이야.

"뭘 마이 멕이야 돼."

정치의 핵심이지. 사람이 일단 뭘 먹고 난 다음에야 예의가 있고, 염치가 생기지 않겠어? 한비자는 이걸 역사 발전의 과정으로 해석한 거야.

"예전에는 사람이 적었기에 적은 물자로도 생활이 가능했다. 이때는 예를 따질 수 있었지만, 사람 수가 늘어나자 물자는 적어지게 됐고, 다툼도 늘어나게 됐다. 이걸 예의나 도리, 염치 따위로 통제할 수는 없다. 강력한 법과 형벌로 사

《한비자》의 가르침

회를 유지해야 한다."

    사람의 수가 늘어나고, 사회가 복잡해지면 정(情)만으로 사회를 운영할 수 없게 돼. 이건 한비자의 주장을 떠나 기본 상식에 속하지. 불과 65~75여 년 전만 하더라도 한국 사회는 촌락에 묶여 있는 농촌 사회였어. 벼농사를 짓기 위해서는 대단위 인력 동원이 필요했지. 왜? 모내기를 하기 위해서 서로 도와야 했기 때문이야. 이 때문에 마을마다 향약(鄕約)이니 두레니 하면서 유교 윤리를 기반으로 한 사회 시스템이 있었고, 이걸 기반으로 사회가 돌아갔어.

    대부분 자급자족 형태의 구조였기에 외부로 나갈 일도 거의 없었고, 동네 안에서 결정이나 판결이 나면 그대로 실행되는 형태였지. 그런데 점점 사회가 복잡해지기 시작했어. 농사를 짓는 사람은 줄어들고, 사람들이 농촌을 떠나 도시에 정착해 아파트에 살면서 직장으로 출근하는 삶을 살게 됐어. 생판 모르는 사람들과 학교에 다니고, 같은 직장에서 근무하게 돼. 아파트 계약서를 쓰려면 부동산 업자를 만나야 하고, 대학교에 입학하려면 입학원서를 써야 해. 회사에 취직하려고 해도 지원서가 필요하고 필요하면 졸업증명서나 자격 증명서를 제출해야 하지.

    과거 농촌 사회에서는 아랫마을 누구의 아들이라고만 하면 다 알았지만, 요즘 세상엔 그게 불가능해졌어. 사람이 너무 많고 사회가 복잡해졌기 때문이야. 이처럼 변해 버린 세상에서는 70여 년 전 농촌에서나 통할 법한 사회규범을 적용할 수는 없어. 변화는 당연한 거고, 이걸 거부한다는 것은 시대착오적인 발상이란 게 한비자의 역사 인식이고 주장이었던 거야.

인간 본성에 관한 성찰

누군가 내게 《한비자》 중에서 딱 한 구절만 뽑아 책을 쓰라고 한다면, 난 주저 없이 내저설 하편에 나오는 위나라 부부 이야기를 꼽을 거야.

위(衛)나라의 어떤 부부가 기도를 올리는데, 아내가 이렇게 빌었다. "아무쪼록 베 100필만 우리 손에 들어오도록 해 주십시오." 이 말을 들은 남편이 아내에게 시비를 걸었다. "여보, 100필은 너무 적지 않아요?" 이 말을 들은 아내가 대답했다. "그보다 더 많으면 당신이 첩을 얻게 될 테니 안 돼요!"
—《한비자》 내저설(內儲說) 하편 중에서

사람들의 속마음이 각기 다르다는 걸 말할 때 '동상이몽(同床異夢)'이란 표현을 쓰지. "함께하는 사람이라도 저마다의 생각은 다 다르다." 정도로 이 말을 가볍게 생각하는 경향이 있는데, 위나라 부부 이야기 한 편에서 인간의 본성에 관한 성찰을 할 수 있으니 만만하게 넘길 내용이 아냐.

《한비자》의 가르침

남편과 아내는 어떤 관계일까? 일심동체(一心同體)라는 말도 있듯 평생을 함께하는 반려자이자 서로의 약점마저 공유하는 운명 공동체야. 세상의 거친 풍파를 함께 헤쳐 나갈 팀이기도 해. 그러니 아내가 남편을, 남편이 아내를 믿지 못하고 의심한다면, 세상에 믿을 사람이 누가 있을까 싶어. 그런데 한비자는 세상에서 가장 친밀한 관계인 부부라도 각자 생각이 다르다는 걸 말해.

　"생각은 이익에 따라 다르다." 이 말을 직설적으로 말하자면, "아무리 부부라도 각자의 이익이 다르다. 이익이 다르기 때문에 다르게 생각하고 다르게 행동한다"라는 거야. 위나라 부부 이야기를 다시 살펴볼까? 남편은 베를 최대한 많이 받는 걸 생각하고 있어.

　"공짜로 베를 얻으면, 일 안 해도 놀 수 있잖아? 100필이든 1000필이든 기왕이면 많이 얻으면 더 좋고!"

　아내의 생각은 어떨까?

　"공짜로 베를 얻는 건 좋지만, 갑자기 부자가 되면 분명히 남편의 마음이 변할 거야. 돈이 없을 때야 부부가 살 맞대고 살지만, 돈이 생기면 남편은 마음이 변해서 젊은 여자들이

랑 놀아날 거야. 그러니까 가난을 벗어날 정도이자 남편이 딴생각 품지 않을 정도인 100필 정도만 있으면 돼!"

이처럼 한비자는 운명 공동체인 부부조차 각자의 이익에 따라 생각과 행동이 다르다는 걸 설파했어. 그러니 왕과 신하의 관계는 어떻고, 친구와 친구 혹은 부하직원과 상사의 관계는 어떻겠어? 이런 사람들 사이의 관계에서 우리가 주목해야 하는 게 바로 '이익'이라는 개념이야.

"경제학은 근본적으로 인센티브를 연구하는 학문이다."

스티븐 레빗, 스티븐 더브너가 함께 쓴 《괴짜 경제학》이란 책이 있어. 기회가 되면 꼭 읽어 봐! 2000년대 초반에 세계적인 베스트셀러가 된 경제학 책인데, 핵심을 한마디로 정리하면 바로 이거야.

"세상은 인센티브로 움직인다."

좁은 의미의 인센티브(incentive)는 사람의 행동을 부추겨서 어떤 '행동'을 하게 하는 유인책이라고 할 수 있어. 성적을 올린 학생에게 장학금을 준다고 해 봐. '장학금'이라는 인센티브 때문에 학생들은 공부를 더 열심히 하게 될 거야.

《한비자》의 가르침

《괴짜 경제학》은 수많은 데이터를 분석해 인간 사회에 있는 '인센티브'들을 해석했어. 여기서 우리는 인간이란 존재가 '이익'에 따라 움직인다는 데 주목해야 해.

"경제학은 근본적으로 인센티브와 관련된 학문인 동시에, 아주 다행스럽게도 사람들이 어떻게 그런 인센티브에 반응하는가를 측정하는 통계적 도구를 지닌 과학이기도 하다."

역시나 《괴짜 경제학》에 나오는 내용이야. 윤리학이 '우리는 어떤 행위를 해야 하고, 어떻게 살아가야 하는가?'를 말한다면, 경제학은 현실 세계를 수라는 데이터로 분석해서 보여 주지. 경제학적 관점에서 볼 때 인간이란 존재에 특별한 의미를 부여하거나 어떤 가치를 부여해서 설명할 필요는 없어. 수량화된 데이터를 통해 인간의 행동을 분석할 수 있기 때문이지. 그리고 특정한 행위의 배경에는 '인센티브'라는 작동원리, 나아가 '이기심'이란 인간 본성이 자리하고 있어. 책 앞부분에서 애덤 스미스의 《국부론》과 이기심에 관해 얘기했던 내용 기억나지?

한비자가 얘기하는 인간의 본질은 "자신의 이익을 위해 움직이는 존재"라고 할 수 있어. 이걸 수량화한 방식으로 풀어내는 게 경제학이란 학문이야. 예의나 염치 같은 겉치레를 다 벗겨 놓으면 인간은 자신의 이익만을 생각한다는 거야. 한비자는 경제학이란 학문이 등장하기 2300년 전에 이 점을 간파하고 《한비자》란 책을 썼어.

그런데 여기서 중요한 건, 인간이 이기적인 존재라는 인식에서 멈춰 서서는 안 된다는 거야. 한비자가 위나라 부부 이야기를 꺼낸 건 일종의 선언이야. 부부라는 관계조차 이럴진대 왕과 신하의 관계가 어떠해야 하는가를 물으면서 군주의 경각심에 비상벨을 울린 거야.

군주와 신하의 이해는 상반되므로, 신하 중에는 진정한 충신이 있을 수 없는 것이다. 신하가 이익을 얻게 되면 군주의 이익은 줄어들게 된다.

─《한비자》내저설(內儲說) 하편 중에서

한비자에게 명군(名君)과 충신(忠臣)의 아름다운 동행은 꿈 같은 이야기일 뿐이야. 현실은 서로의 이익을 지키기 위해 의심하고, 감시하고, 견제하는 사이라는 거야. 이익이 충돌한다면? 죽거나 혹은 죽임을 당하겠지.

"에이, 서로를 그렇게 못 믿으면 세상을 어떻게 살아요?"
"그래요. 믿음이 없는 관계가 오래갈 수 있겠어요?"

꿈도 희망도 없는 이야기를 하는 것 같지만, 법가 사상가

《한비자》의 가르침

들에겐 이건 어쩔 수 없는 부분이야. 유가가 '아름다운 꿈'을 꾸게 만든다면, 법가는 '냉혹한 현실'을 보여 줘. 어떤 게 옳은지는 몰라. 그러나 일이 틀어질 경우 실질적인 대처에 관한 한 유가보다는 법가가 현실적이지.

'사람을 믿고, 의리와 신뢰로 대했다가 뒤통수를 맞았을 때의 충격'과 '사람을 의심하고, 감시하며 지내다가 뒤통수를 맞았을 때의 충격' 중에서 어떤 쪽이 더 뼈아플까? 정말 믿었던 사람에게 뒤통수를 맞는다면 인간에 대한 신뢰가 사라지겠지. 반면 사람을 믿을 수 없어서 계약서를 쓰고, 꼼꼼하게 공증을 받고, 혹시 몰라 보험까지 들어 두면, 설사 사기를 당한다 해도 피해는 그리 크지 않을 거야.

한비자는 기본적으로 모든 사람을 의심해. 그것도 합리적으로 말이야. 세상을 너무 각박하게 바라보는 게 아닌가 싶기도 하겠지만, 한번 자기 생각과 행동을 돌아봐. "나는 왜 이런 행동을 하는 거지?" 그 행동의 이유를 곰곰이 쫓아가다 보면, 대부분은 상당히 '불쾌한' 감정에 도달하게 돼. 바로 이기심이야. 그렇다고 자책할 필요는 없어. 대부분의 인간이 그렇게 살아가니까. 한비자의 주장대로라면, 인간은 원래 그렇게 생겨 먹은 존재인 셈이야.

그러니까 중요한 건 이런 인간의 이기심을 좋은 방향으로 활용해야 한다는 거지. 언제나 그렇지만 문제를 해결하기 위해 먼저 해야 할 일은 상황을 똑바로 보고 관찰하는 거야.

현실을 제대로 알아야 대책이 나오지 않겠어? 한비자는 인간의 이기심을 '문제'로 보지 않았어. 이걸 잘 활용하면 보다 나은 세상을 만드는 촉매제가 될 거라고 믿었지.

남을 위하는 마음으로 하라고 하면 책망이 나오고, 자신을 위하는 마음으로 하라고 하면 일이 된다.

─《한비자》 외저설(外儲說) 좌상편 중에서

한비자의 이 말을 어떻게 생각해? 상식으로 받아들일 수 있겠어? 아니면, 인간을 너무 단편적으로만 바라봤다고 느껴?

뱀장어는 뱀을 닮았고, 누에는 벌레를 닮았다. 사람은 뱀을 보면 놀라고 벌레를 보면 누구나 소름이 돋는다. 그러나 어부는 손으로 뱀장어를 잡고 여인들은 손으로 누에를 만진다. 이익이 되는 일이라면 누구나 맹분(孟賁, 쇠뿔을 맨손으로 뽑은 용사)이나 전제(專諸, 오나라 왕 요를 죽인 용사)와 같은 용사가 된다.

─《한비자》 내저설(內儲說) 상편 중에서

의사가 남의 상처를 잘 빨아 주기도 하고 남의 피를 머금는 것은 골육의 정이 있어서가 아니라 이익이 더해지기 때

문이다. 수레 만드는 사람은 수레를 만들면서 사람들이 부귀해지기를 바라고, 관 짜는 사람은 관을 짜면서 사람들이 일찍 죽기를 바란다. 그것은 수레 만드는 사람은 어질고 관 짜는 사람이 도적이어서가 아니라, 사람들이 부귀하지 않으면 수레가 팔리지 않고, 사람들이 죽지 않으면 관이 팔리지 않기 때문이다. 마음속으로 남을 미워해서가 아니라, 이익이 다른 사람의 죽음에서 얻어지기 때문이다.

—《한비자》비내(備內)편 중에서

인간의 이기심에 관한 성찰

한비자가 인간의 이기심을 어떻게 바라봤는지 잘 드러나는 대목이야. 이쯤 되면 **"남을 위하는 마음으로 하라고 하면 책망이 나오고, 자신을 위하는 마음으로 하라고 하면 일이 된다"**라고 한 한비자의 말이 어떤 의미인지 알 수 있지 않아? 어부가 뱀처럼 생긴 뱀장어를 손으로 잡고, 여인들이 벌레인 누에를 손으로 만지는 이유는 자신의 이익과 직결되어 있기 때문이야. 결국 자기를 위한 일이기에 더럽고 힘든 일이라도 참을 수 있는 거야.

같은 의미로 의사가 환자의 고름을 빼는 이유, 수레를 만드는 사람이 사람들이 부유해지기를 바라는 이유, 관 짜는 이가 사람들이 일찍 죽기를 바라는 이유를 설명할 수 있어. 수레 만드는 이가 착해서 사람들이 부자가 되길 바라는 건 아냐. 사람들이 부유해져야 수레를 사기 때문인 거지. 관 짜

《한비자》의 가르침

는 이도 성격이 나빠서 사람들이 일찍 죽기를 바라는 게 아냐. 사람들이 죽어야만 관이 팔리기 때문에 그걸 바라는 거야. 이처럼 사람들은 자신의 이익을 생각하며 살아가는 존재야. 이기심을 좋은 방향으로 유도하면, 의사가 환자의 고름을 빨고, 어부가 뱀장어를 잡고, 여인들이 누에를 만지게 되는 거야. 그러니까 이기심을 굳이 나쁘게만 바라볼 이유는 없어.

나는 이 책을 읽는 독자에게 한비자의 사상이 옳다고 강요할 생각은 없어. 또한 한비자의 생각이 틀렸다고 얘기하고 싶은 생각도 없어. 다만 자신에게 딱 두 가지만 물어보면 좋겠어.

"내가 이렇게 행동하는 이유가 뭘까?"
"남들은 왜 나와 같은 생각을 하지 않을까?"

《한비자》를 읽어야 할 이유를 이 두 가지 질문에서 찾을 수 있을 거야.

법(法), 술(術), 세(勢)

《한비자》란 책이 법가 사상의 총집결판이자 제왕학 교과서의 표본으로 불리는 이유가 바로 '법(法), 술(術), 세(世)'야. 한비자 이전에 법가 사상은 크게 세 개의 부류로 나뉘어 있었어. 법(法)을 중시하는 중법파, 술(術)을 중시하는 중술파, 세(勢)를 중시하는 중세파가 그것이지.

  법(法)은 모든 사람이 지켜야 할 규칙이고, 술(術)은 신하들을 통제하고 감시하는 기술을 의미해. 세(勢)는 '위세(威勢)'를 의미하지. 요즘 말로 하자면 카리스마로 국정을 장악하는 거야. 한비자는 이 세 가지가 모두 충족될 때 군주가 그 권력을 제대로 행사하고 나라를 안정적으로 통치할 수 있다

카리스마(Charisma)
다른 사람을 매료시키거나 영향을 끼치는 능력을 말해. 어원을 거슬러 올라가면, '신의 축복'이란 뜻의 그리스어 'Kharisma'가 나와.

《한비자》의 가르침

고 봤어. 이제 법, 술, 세에 대해서 하나씩 알아보자.

❶ 법法

법의 사전적 의미를 한마디로 정의하자면, **"국가 권력에 의하여 강제되는 사회 규범"** 정도로 정리할 수 있을 거야. 어렵게 보이는 말이지만, 쉽게 얘기하자면 이런 거야.

법이 왜 필요할까?

"사람을 때려서 다치게 하면 감옥 가."

간단하지? 죄를 지으면 벌을 받아. 여기서 중요한 건 죄의 항목과 죄에 따른 벌의 종류와 형량을 미리 정해 놓는다는 거야. 이게 바로 법이지. 여기서 중요한 건 법을 국민들이 미리 합의해 놓는다는 거야.

국민이 투표로 뽑는 국회의원 알지? 이 국회의원의 핵심 업무가 바로 법을 만드는 일이야. 이게 얼마나 중요한지를 사람들이 종종 망각하곤 하는데, '법'이란 국민들이 미리 만든 '계약서'와도 같아.

"앞으로 공공장소에서 음란한 춤을 추면, 벌금을 내는 것으로 합시다."

법(法), 술(術), 세(勢)

"앞으로 한 동네에 빵집을 내려면, 기존의 빵집과 최소한 500미터 이상 떨어진 곳에 내도록 합시다."

어때? 이런 것도 법으로 규정되는 건지 알았어? 법이라면, 죄지은 사람, 잘못한 사람들 잡아 벌주는 것만 생각하지 않았어? 그건 사실 법의 일부분일 뿐이야. 원래 법이란 사회 구성원들 간의 갈등을 최종 정리해 주는 계약서이자, 우리의 삶을 보호해 주는 보호막과 같아. 그렇기에 국민의 뜻을 대표하는 국회의원이 법을 만드는 거야. (국회의원을 왜 잘 뽑아야 하는지 이유를 알겠지? 우리의 뜻을 담아 계약서를 써야 하는데, 모두가 아닌 특정한 사람의 '이익'을 대변하는 계약서를 쓴다면 우리의 삶이 나쁘게 변할 수 있기 때문이야.)

여기까지는 우리가 일상적으로 사용하는 '법(法)'이란 말에 대한 개념 정리였어. 그럼 한비자가 말한 법은 어떤 걸까? 쉽게 얘기하자면, 한비자가 말한 법치(法治)는 '법에 의한 통치'가 아니라, '법을 활용한 통치'야. 법을 통치의 수단으로 삼은 거야. 그러니까 국민들 간의 계약서, 보호막 따위는 온데간데없지. 법을 그냥 통치자의 권력을 유지해 주고, 국가를 수월하게 다스리기 위한 '도구'로 사용한 거야.

법가 사상가들 중에서 법(法) 하면 떠오르는 인물이 한 명 있지. 앞에서 잠깐 언급한 상앙(商鞅)이란 사람이야. 그는 위나라 출신이었는데, 진나라로 건너가 법치 철학을 근거로 개혁을 단행했어. 역사에서는 이를 상앙의 변법(變法, '법을 바꾼다'는 뜻인데, 중국 역사를 보면 '개혁'을 상징하는 용어로 대접받아)이라고 해.

상앙은 두 차례에 걸쳐 20년 동안 진나라를 뿌리부터 바꿔 놨어. 당시 진나라는 중국 서쪽 변방에 있어서 정치, 문화, 사회, 경제 모든 면에서 중원의 국가들에 비해 뒤떨어졌거든. 그런 진나라를 상앙이 뿌리부터 바꾼 거야. 이런 개혁 덕분에 진나라는 순식간에 강대국 반열에 올라서게 됐고, 100여 년 뒤 진시황이 천하를 통일할 기초가 마련됐다고 보면 돼. 상앙의 변법과 관련해 유명한 이야기가 있는데, '이목지신(移木之信)'이야. 상앙 개혁의 시작이자 법의 신뢰성을 말할 때 자주 인용되는 고사성어지.

어느 날 상앙이 새로운 법령을 준비했으나 백성들이 법을 믿고 따르지 않을 것을 걱정했어. 그래서 상앙은 법령 선포를 중지하고 도시 남문에 어른 세 사람 길이의 나무를 세운 다음 백성들을 불러 모았어. 상앙이 "이 나무를 북문으로 옮기는 이에게 십금(十金)을 주겠다"라고 했으나 백성들은 그 말을 믿지 않고 장대를 옮기지 않았대. 그러자 상앙은 다시 "이 나무를 옮긴 자에게 오십금(五十金)을 주겠다"라고 말했어. 이 말을 들은 어떤 사람이 속는 셈 치고 나무를 옮겼는데 바로 오십금이 지급된 거야. 상앙은 이 일이 있은 직후 새로운 법령을 선포했어.

법(法), 술(術), 세(勢)

이 이야기는 《사기(史記)》 상군열전(商君列傳)에 나와. 법의 신뢰성이 얼마나 중요한가를 단적으로 보여 주는 일화라고 할 수 있지. 법을 지키면 보상을 받는다는 점을 알려 주니까 여기까진 백성들도 수긍할 수 있겠지. 하지만 그다음부터가 문제였어. 개혁에는 늘 고통이 따르는 법이긴 하지만, 상앙이 시도한 변법은 상당히 파격적이었어. 백성들을 다섯 가구, 열 가구씩 묶어서 단위별로 세금과 병역의 의무를 부과한 거야. 단위 가구에서 범죄가 발생했는데도 고발하지 않으면 연좌죄(緣坐罪, 친척이나 인척이 죄를 지으면 연대 책임을 물

《한비자》의 가르침

어 처벌하는 것)로 묶어서 벌을 내렸지.

이건 아주 무서운 거야. 책임을 면하려고 서로 감시하게 되니 결국 모든 백성이 국가의 감시 아래에 놓이게 돼. 상앙은 다른 한편으로 인센티브를 활용했어. 전쟁에 나가서 공을 세우거나 농업 생산량을 늘리면 작위를 부여한 거야. 공을 세운 사람에겐 확실히 포상을 하지만, 공을 세우지 않으면 귀족이라도 작위를 박탈했어. 이러다 보니 귀족 계층은 물론 백성들조차 상앙을 점점 싫어하게 됐어. 결국 변법 1년 만에 백성들이 법령이 불편하다고 도성으로 달려와 항의했지. 상앙이 집권하는 동안 하루가 멀다고 위수 강변에서 처형이 이루어졌는데, 한 번에 700명을 처형한 적도 있을 정도로 많은 사람이 죽었어. 이러니 법 집행이 너무 가혹하다는 불평·불만이 나올 법하지. 귀족들이 하루 동안 변법 반대 상소 수천 건을 진왕 효공에게 보낼 정도로 강력히 저항했지만, 왕도 상앙의 뚝심에 밀리고 말았어.

진나라 전체가 상앙에게 굴복한 사건을 보면 그의 심성을 잘 알 수 있어. 그런데 왕의 아들이자 다음 왕위를 이을 태자가 법을 어긴 일이 발생했어. 이걸 어떻게 처리해야 할까? 상앙은 법 집행에 예외가 없음을 들어 처벌하려 했지만, 대상이 태자잖아? 결국 태자의 스승을 대신 처벌하는 선에서 타협을 보게 돼. 그런데 문제는 태자의 스승이 진왕 효공의 형제였다는 거야. 즉 태자의 백부(伯父)가 된다는 소리지. 그런데도 상앙은 아랑곳하지 않고 태자 스승의 코를 베어 버렸어. 그러고는 태자의 다른 스승들한테도 먹물로 얼굴에 문신을 새겨 넣는 묵형(墨刑)을 내렸어.

이 정도로 엄격하게 법을 적용하니 진나라에서는 감히 법을 어기려는 사람이 없어지게 돼. 하지만 그 대가는 혹독했어. 훗날 왕이 될 태자가 상앙에게 원한을 품은 거야. 재야의 선비였던 조량(趙良)이 상앙에게 건넨 충고에서 이를 확인할 수 있어.

"공이 만든 법으로 태자를 욕보였고 무서운 법으로 죽거나 다친 백성의 수가 한둘이 아닙니다. 이들의 원망이 쌓여 있습니다. 모든 사람이 왕보다 공을 더 무서워합니다. 하지만 인심을 잃으면 오래갈 수가 없습니다. 공께서 편안한 여생을 보내고 싶으면 하사받은 봉토를 반납하고 시골에 내려가 농사를 지어야 합니다. 그리고 덕을 쌓아야 합니다. 지금처럼 국정을 장악하고 힘을 과시한다면 장차 효공 사후에 닥칠 복수를 다짐하는 무리를 어떻게 당하려 하십니까?"

누구나 예상할 법한 일이지. 진나라를 20년 만에 강대국으로 만든 상앙이었지만, 엄격함의 대가로 그는 결국 목숨을 잃게 돼. 조량의 걱정대로 효공이 죽은 후 왕이 된 태자가 상앙에게 복수를 한 거야. 여기서 우리가 주목해야 하는

《한비자》의 가르침

건 상앙이 왜 그토록 법에 집착했느냐 하는 대목이야. 법가 그리고 나아가 한비자가 왜 법을 중요하게 생각했는가에 대한 해답이 나오기 때문이지. 그 단초를 상앙이 편찬한 법가의 책인 《상군서(商君書)》에서 찾을 수 있어.

유가와 법가의 차이

"어진 사람은 모든 사람을 어질게 대할 수 있지만 모든 사람을 어질게 만들지는 못하고, 의로운 사람은 다른 사람을 사랑으로 대할 수 있으나 다른 사람들이 사랑하도록 만들지는 못한다. 인과 의만으로 천하를 다스리기에는 부족하다."

상당히 유명한 구절이야. 상앙이 유가의 덕치(德治)를 비판하면서 남긴 문장이자 동시에 유가와 법가의 차이를 드러낸 문장이기도 하지. 이 말이 무서운 건 사랑으로 사람을 대한다고 해서 그 사람이 다른 사람을 사랑한다는 보장이 없다는 시각이 반영돼 있기 때문이야. 한비자도 말했잖아? 부부 사이라도 생각이 다르다고.

이 대목에서 독자들이 인간에 대한 불신을 가질까 봐 한마디 덧붙일 얘기가 있어. 일본계 미국인으로서 미 육군 참모총장 자리에 오른 '에릭 신세키'가 남긴 말이야.

"부하에 대한 사랑이 없이는 명령은 내릴 수 있겠지만, 리더십을 얻지는 못한다."

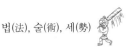

법(法), 술(術), 세(勢)

에릭 신세키(Eric Ken Shinseki)

미군 역사상 최초의 아시아계 미국인 4성 장군이자 미국 육군 참모 총장 출신이야. 1999년 빌 클린턴 대통령의 추천으로 제34대 미국 육군 참모총장에 임명됐고, 조지 워커 부시 대통령 시절 럼스펠드 국 방장관과 함께 이라크 전쟁을 수행했어. 이라크를 침공할 때 15만 명 만 동원하겠다는 럼스펠드에게 맞서 최소한의 50만 명의 병력이 필요 하다고 주장한 걸로 유명해. 21세기 초 미군을 이끌면서 많은 개혁 과제를 수행한 인물로 퇴역 이후 버락 오바마 행정부의 미국 제대군인부 장관을 지냈어.

군대처럼 규율이 중요한 곳에서는 잘 짜인 시스템이나 엄 격한 규칙 적용이 주는 장점이 분명히 있을 거야. 그렇지만 인간에 대한 애정, 굳이 '사랑'까지는 아니어도 인간을 존중 하고 아끼고 배려하는 최소한의 인류애가 없다면, 사람들을 진정으로 따르게 할 수 없어. 아무리 '사랑'을 연기하고, 인 류애를 표현한다 해도 결국엔 들통이 나고 말지. 사람을 움 직이게 하는 힘은 밥이 아냐. 깊은 인간관계와 '사랑'이지. 그렇기에 사람들은 본능적으로 '사랑'을 감지해. 이건 속일 수 있는 성질이 아냐.

냉혹한 법가 철학을 이야기하다가 갑자기 달콤한 사랑 이 야기를 하는 것 같기도 하겠지만, 이건 엄연한 사실이야. 인 간은 타인의 '사랑'에서 자신의 존재 가치를 확인해. 그건 남 녀 간의 사랑일 수도 있고, 주변인들의 '인정'일 수도 있어.

학교에서 성적이 올랐다고 상을 받거나 솔선수범하여 선생님에게 칭찬받는 것, 친구들한테서 '너 아까 멋있었어!' 하는 식의 칭찬이나 인정을 받으면 기분이 절로 좋아지는 경험을 다들 해 봤을 거야. 이게 바로 흔히 말하는 '인정 욕구'가 충족될 때 느끼는 감정이지. 누군가와 깊은 사랑을 나누지 않더라도 자신의 능력이나 존재를 인정받는 것만으로도 사람은 살아갈 힘을 얻을 수 있어. 가만히 자기의 삶을 뒤돌아봐. 기분 좋았던 순간에는 분명 사랑과 인정이 작용했을 거야. 다시 강조하지만 인간은 사랑 없이는 살 수 없어.

엄격한 규율이 강조되는 곳이라고 해도 과연 사람이 자신의 감정을 철저히 배제한 채 살아갈 수 있을까? 사랑이 없더라도 조직과 사회는 돌아가거나 형태를 유지할 수는 있겠지. 하지만 그 안에서 사람들은 점점 말라 죽어 가고 있을 거야.

과연 한비자는 이에 대해 어떻게 생각할까? 유가를 비판하면서 법가의 존재 의의를 강조하던 한비자도 똑같이 생각했을까?

나라는 영원히 강성할 수 없고, 영원히 허약할 수도 없습니다. 법을 받드는 사람이 강하면 나라가 강성해질 것이고, 법을 받드는 자가 약하면 그 나라도 약해질 겁니다.

—《한비자》유도(有度)편 중에서

법(法), 술(術), 세(勢)

한비자는 이 말과 더불어 초나라 장왕, 제나라 환공, 연나라 소공의 활약상을 언급하고 있어. 이들은 영토를 확장하고 국력을 증진했어. 덕분에 당대의 패자로 이름을 떨쳤지. 문제는 천년만년 갈 것 같았던 국력도 이런 '영웅'들이 죽고 나니까 서서히 기울기 시작한 거야. 왠지 익숙한 모습이지 않아? 아버지가 잘 꾸려 놓은 회사를 물려받은 재벌 2세가 하는 일마다 실패하더니 회사를 말아먹었다는 이야기를 한 번쯤 들어 봤을 거야. 왜 이런 일이 생기는 걸까? 한비자의 입장에선 아주 간단히 설명할 수 있어.

"사람이 다스렸기 때문이다."

이해하기 쉽게 축구를 예로 들어 설명해 볼게. 축구 경기에 출전하는 선수 11명이 모두 출중한 실력을 갖추고 있어서 압박 축구를 하면 경기에서 이길 확률이 매우 높을 거야. 그런데 현실적으로 11명을 모두 뛰어난 선수로 채우기는 어렵지. 그래서 구단은 메시나 호날두, 손흥민같이 특별히 뛰어난 선수를 영입해서 팀에 활력을 불어넣기로 해. 이렇게 들어온 한 명의 스트라이커가 경기 때마다 골을 터트려! 경기에서 매번 이기고 팀이 승승장구하는 상황이 벌어져. 그런데 과연 이 팀은 진짜 강팀이 된 걸까?

스포츠 경기 중계를 보다 '원맨팀'이라는 얘기를 들어 본적 있어? 에이스 한 명이 팀을 이끈다거나 팀이 에이스 한 명에게 의지하는 경우 나오는 말이잖아. 팀이 선수 한 사람의 개인기에 의지해 경기를 치르는 와중에, 만약 에이스가 상처를 입거나 팀을 떠나면 어떤 일이 벌어질까? 한비자가 걱정하고 지적하는 문제가 바로 이거야.

"세종대왕같이 훌륭한 왕이 나와서 나라를 발전시킬 수도 있지만, 연산군처럼 폭군이 등장해서 나라를 망칠 수도 있다. 그러므로 나라는 사람이 다스리게 하는 게 아니라 '법'이라는 시스템으로 다스려야 한다!"

이렇게 보는 게 바로 한비자의 생각이야. 사람은 저마다 달라. 세종대왕처럼 훌륭한 업적을 남기는 좋은 왕이 나올 수도 있지만, 연산군 같은 폭군이 등장할 수도 있어. 그런데 지도자의 불확실성을 감당하기에는 '국가'라는 단위는 너무 커! 일개 가정이나 작은 조직이라면 개인의 잘못이 주변 몇몇 사람에게만 미치겠지만, 한 나라의 지도자가 잘못된 결정을 내리면 온 나라가 위험에 처할 수도 있어. 이 때문에 한비자는 통치자 개인의 역량에 의존하는 인치(仁治)나 덕치(德治), 더 나아가 이를 주장하는 유가에 대해 아주 비판적이었어.

"덕으로 사람을 다스리는 건 좋지 않아요?"

"성군이 계속 나올 수도 있잖아요?"

"리더를 제대로 교육하고, 그런 다음 통치를 맡기면 되지 않을까요?"

왕이 될 사람이 좋은 인성을 갖추도록 교육한다 한들 그가 '사람'인 것은 어쩔 수 없어. 사람이기에 가질 수밖에 없는 한계가 존재하지. 이런 위험성을 한비자는 다음과 같은 예를 들어 설명하고 있어.

위(衛)나라 영공(靈公)은 미자하(彌子瑕)라는 미동을 총애했다. 위나라 법에는 몰래 임금의 수레를 탄 사람은 발꿈치를 자르는 형벌을 받았다. 어느 날 한 사람이 미자하를 찾아와 그의 어머니가 위독하다고 알려 준다. 미자하는 어머니에게 빨리 달려가려는 마음에, 임금의 명령이라 속이고 임금의 수레를 타고 나갔다. 이 소식을 들은 영공이 말했다. "효성이 지극하구나, 어머니를 생각한 나머지 제 발꿈치가 잘리는 죄도 잊고 있었으니."

하루는 미자하가 영공을 모시고 과수원으로 산책하러 나간 일이 있었는데, 미자하는 복숭아 하나를 따서는 한입 베어 그 맛을 봤다. 달기가 그지없었다. 왕이 생각난 미자하는 먹던 복숭아를 영공에게 건네며 맛보기를 권했다. 영공이

《한비자》의 가르침

말했다. "나를 사랑하는 마음이 극진하구나, 그 맛있는 것도 잊고서 내게 먹으라고 권하니."

그러나 이윽고 미자하의 얼굴빛이 쇠해져 영공의 총애가 식어 가자, 미자하가 임금에게 벌을 받게 되었다. "이놈은 거짓말로 내 수레를 타고 나간 적이 있었다. 또 언젠가는 먹다 남은 복숭아를 먹인 일도 있다." 미자하가 한 행동은 처음과 같이 변한 것이 없었으나 그것이 전에는 좋게 보이고 뒤에는 벌을 받게 되었으니 사랑이 미움으로 바뀐 까닭이다.

—《한비자(韓非子)》 세난(說難)편 중에서

그 유명한 여도지죄(餘桃之罪, 먹다 남은 복숭아를 바친 죄)가 나오는 대목이야. 미자하에 관한 이야기는 유세의 어려움을 극명하게 보여 줘. 상대방이 나를 좋아할 때는 옳은 말을 하면 기꺼이 그 말을 받아들이고 사이가 가까워지지만, 상대방이 날 미워하면 옳은 말을 해도 받아들여지지 않고 죄가 되어 사이가 멀어질 뿐이니, 자신의 의견을 말할 때 상대방이 날 어떻게 생각하는지 살핀 후에 하라는 것이 핵심이야.

이 이야기에 뒤이어 '역린(逆鱗)'에 관한 이야기가 나와. 용의 턱 아래 거꾸로 난 비늘을 역린이라고 하는데, 이건 왕의 분노를 의미하는 거야. 모든 인간에게는 각각의 역린, 그러니까 건드려선 안 되는 '어떤 것'이 있으니 주의해야 한다는 얘기야. 역린이 있다는 것 자체가 왕도 결국 사람에 지나지

법(法), 술(術), 세(勢) 113

않는다는 사실을 의미하고 있어.

여도지죄에 관한 이야기 역시 유세의 어려움 이면에 왕이란 존재가 결국 '사람'에 불과하다는 인식이 깔려 있는 셈이야. 사람이 제아무리 공정하다 해도 모든 사람은 '감정'의 영향을 받을 뿐 아니라 점점 쇠잔해지는 '육체'라는 약점을 가지고 있으니까.

"학교에서 친구랑 싸우고 온 후에 엄마에게 짜증 낸 적 없어?"
"체육 시간에 오래달리기를 한 후 오후 수업 때 졸았던 적 없어?"

품성이 바르고 착하더라도, 감정이 폭발한 직후거나 슬픈 일을 당한 상황이라면, 평정심을 유지하기 어려울 거야. 육체도 마찬가지야. 너무 배가 고프거나, 잠이 부족하거나, 피곤한 상태라면 올바른 결정을 내리는 데 영향이 있어. 이걸 가지고 사람의 존재를 부정하거나 인간의 결정을 믿을 수 없다고 불신한다는 의미는 아냐. 한비자가 말하는 건 인간은 생각 외로 약하고, 흔들리기 쉬운 존재라는 거야. 그 때문에 불확실성을 제거하고 싶었던 거야. 바로 '법'이란 시스템을 통해서 말이지.

이걸 조금 어려운 말로 얘기하자면, 주관적인 '덕치(德治)'

《한비자》의 가르침

를 버리고, 객관적인 '법치(法治)'로 세상을 다스리자는 거야. 한비자가 유가를 싫어하는 이유를 이제 명확히 알겠지? 맹자는 인의(仁義)를 근간으로 하는 왕도정치를 말했잖아. '인(仁)'이란 '남과 내가 하나 되는 마음'이고, '의(義)'는 '인'을 실천하는 방법이야. 그렇기에 주관을 버리고 객관으로 나아가야 하는 한비자에게 유가는 타파해야 할 대상이었어.

계속 법 이야기를 하다 보면 끝이 없을 거 같은데, 이 책을 읽는 독자들이 꼭 기억했으면 하는 문장이 하나 있어. 법과 관련해서 이 한마디만 기억해도 돼.

"법불아귀(法不阿貴)"

《한비자》 유도(有度)편에 나오는 말인데, 해석하자면 "법은 높은 사람에게 아부하지 않는다"라는 뜻이야. 법의 형평성과 공정성을 말할 때 자주 인용되는 말이지. 법치의 근간은 법에 대한 국민들의 신뢰에서 시작돼.

"내란수괴의 불법 관저 점거 농성을 언제까지 두고 볼 셈이야?"

"윤석열이 있어야 할 곳은 안락한 관저가 아니라 수사 기관의 조사실이다!"

"대한민국 헌정질서가 더는 유린되지 않도록 엄정한 법

법(法), 술(術), 세(勢) 115

집행을 촉구한다!"

**법은 만인에게
평등할까?**

　12.3 내란을 일으켜 탄핵된 윤석열 대통령은 법원이 발부한 체포영장에 대해 위법성 운운하며 관사에서 나오려 하질 않았어. 검찰총장 출신으로 대통령까지 된 사람이 정당한 법 집행을 거부하는 걸 어떻게 봐야 할까?

　법은 우리 사회 갈등 조정의 최후 보루라고 했잖아. 그런데 법이 돈 있고 권세 있는 사람에게는 친절하고, 가난하고 힘없는 사람에게는 엄격하게만 적용된다면 어떻게 될까? 사람들은 그런 법을 신뢰하지 않을 거야. 그렇게 되면 법치주의 자체가 무너질 수도 있어. 그러니까 '법불아귀'란 말의 핵심은 법을 누구에게나 똑같은 기준으로 적용하는 것이라고도 할 수 있어.

　상앙이 태자를 벌줬던 것 기억나지? 왕의 아들이기에 실질적인 벌을 줄 수 없어서 그 스승에게 죄를 묻고 형을 집행한 일 말이야. 법을 어긴 당사자를 처벌한 게 아니기에 오늘날의 입장에서 보자면 형평성의 문제를 제기할 수도 있겠지만, 그 당시의 관념에서 볼 때 최상위 권력자를 처벌했다는 건 굉장히 상징적이고 이전 시대보다 나아간 결정이라고 할 수 있어.

　한비자가 말한 법치는, '법을 활용한 통치'라고 했잖아. 그러니까 법은 군주가 나라를 다스리기 위한 도구인 셈이지.

《한비자》의 가르침

그런데 사람들이 "법은 만인 앞에서 평등하다면서?", "법불아귀(法不阿貴)라고 말했는데, 왕은 왜 포함 안 시키는 거야?" 하고 불만을 제기한다면 과연 법을 제대로 활용해 통치한다고 볼 수 있을까? 엄격하게 본다면 한비자가 말한 법치는 잘못을 저지른 대통령마저 탄핵하고 체포할 수 있는 오늘날의 관점에서 보면 분명 한계가 있어. 하지만 이전 시대와 달리 나름 발전한 모습이란 걸 인정해야 해.

예는 아래로 서민에게 미치지 않고 형벌은 위로 대부에게 미치지 않는다.

—《예기(禮記)》 중에서

유교 교육의 핵심 '교과서'라 할 수 있는 사서오경(四書五經) 중 하나인 《예기(禮記)》에 나온 말이야. 유교는 귀족과 서민에 구분을 두는 이중적인 사회규범을 적용했어. 귀족들은 '예(禮)'에 따라서 행동하면 되고, 일반 서민들은 '형벌'을 통해 규제해야 한다는 사고방식이었지. 즉 귀족들에겐 법 집행을 하지 않겠다는 선언인 거야. 하지만 한비자의 경우 여기서 한참 나아갔어.

"왕 밑으로는 다 법치의 대상이다."

　　　　　　　　　　　　　　　《한비자》의 가르침

이게 한비자의 생각이야. 왕을 법 적용의 대상에서 제외했다는 점에서는 오늘날의 시각으로 보면 한계가 있는 모습이지만, 한비자가 살던 시대를 생각한다면 상당히 파격적인 주장이었던 거지. 이처럼 한비자는 왕이 다스리는 세상이 아니라 법이 다스리는 세상을 만들려고 했어.

무릇 군주가 되어 자신이 백관을 살피려면 시간도 부족하고 힘도 넉넉하지 못할 것이다. 또한 군주가 자신의 눈으로 보려 하면 신하는 보이는 것을 꾸밀 것이고, 군주가 자신의 귀로 들으려 하면 신하는 듣기 좋게 꾸밀 것이며, 군주가 자기 생각대로 결정하려 하면 신하는 번거로운 말들을 덧붙일 것이다. 선왕이 이 세 가지를 부족하다고 여겨서, 자신의 능력을 버려두고 법술에 의한 상과 벌의 규정을 상세히 하였다.

―《한비자》 유도(有度)편 중에서

왕이 아무리 뛰어나고 노력을 기울인다 한들 나라를 혼자서 통치할 수는 없어. 그렇기 때문에 신하들의 힘을 빌려야 해. 하지만 많은 신하를 완벽하게 통솔하기란 힘든 일이야. 이 때문에 한비자는 법을 통해서 나라를 다스려야 한다는 점을 역설한 거야. 왕일지라도 법이라는 '시스템'으로 국가를 통치해야 한다고 주장했다는 사실이 중요해. 이렇게 '법'이라는 시스템으로 잘 운용되는 국가는 사람들에게 확실한

법치 국가의 근간

법(法), 술(術), 세(勢)　　119

이득을 가져다 줘.

법이 분명하면 현명한 자가 어리석은 자를 침탈할 수 없고, 강한 자가 약한 자를 침범할 수 없으며, 다수가 소수에게 포악하게 할 수 없다.

— 《한비자(韓非子)》 수도(守道)편 중에서

《한비자》를 처음 읽을 때 이 구절이 마음 깊이 다가왔어. 그야말로 **"법의 존재 이유"**라고 말할 수 있는 거잖아. 앞에서 말했지만, 법은 우리 일상을 지켜주는 보이지 않는 '보호막'이야. 법이 없는 세상이라면 말 그대로 약육강식(弱肉强食)의 정글이 펼쳐질 거야. 힘이 센 사람이 약한 사람에게 폭력을 행사하고, 영리에 밝은 사람이 정직하게 사는 사람을 갈취하는 일이 발생할 거야. 실제로 2024년 12월 3일 비상계엄 선포로 내란 세력이 대한민국의 법질서를 무너뜨리러 했지만, 그런 불법이 일어나지 않도록 막아 주는 최소한의 안전장치도 바로 법이야. 그러므로 법은 강자가 아닌 약자, 가진 자보다는 가지지 못한 자에게 더욱 필요한 거야. 법은 공평해야 해. 그것은 힘이나 돈, 권력이 기준이 아니라 '정의(正義)'에 의거하여 시시비비(是是非非)를 가리는 가리는 잣대이기 때문이야.

2025년 4월 4일, "피청구인 대통령 윤석열을 파면한다"라 헌법재판소의 판결

법(法), 술(術), 세(勢)

는 헌법재판소의 판결은 헌정 질서를 수호하고, 법치주의와 민주주의를 회복하는 역사적 결정이었어. 헌법재판관들은 "피청구인의 법 위반행위가 헌법질서에 미친 부정적 영향과 파급효과가 중대하므로, 피청구인을 파면함으로써 얻는 헌법 수호의 이익이 대통령 파면에 따르는 국가적 손실을 압도할 정도로 크다"라고 인정하며 전원의 일치된 의견으로 탄핵을 인용한 거야.

법원 앞에 서 있는 정의의 여신상이 저울을 들고 있는 이유가 뭐겠어? 힘과 권력, 돈 앞에서 형평성이 무너지지만 않는다면, 약자들도 최소한 '스스로 변호할 수 있는 기회' 혹은 '자신을 지켜 낼 방법'이 주어진다는 의미 아니겠어? 그렇기에 법불아귀(法不阿貴)가 중요한 거야. 법이 가진 자, 권세 있는 자들에게 아부하지만 않는다면, 법은 가지지 못한 자, 힘 없는 자를 지켜 주는 보호막이 되는 거지.

역으로 법이 귀한 사람들에게 아부한다면 어떻게 될까? 이건 사회 근간을 뒤흔드는 심각한 문제가 될 거야. 법의 편애를 받는 이들이 과연 자신들의 욕망을 스스로 절제할 수 있을까? 사회는 점점 부정의가 판을 치고, 권력에 빌붙어 힘을 얻고 재물을 모으려는 사람들로 넘쳐나게 될 거야. 법이 제 기능을 하지 못하는 것은 사회의 보호막에 구멍이 뚫리는 것과 같아. 한 명이 구멍을 내면, 다음엔 구멍이 아니라 문을 만들고 싶어질 거야. 이렇게 보호막이 찢어지면, 법은 만인

《한비자》의 가르침

에게 평등한 게 아니라 소수에게만 평등하게 돼. 그렇게 되면 《예기(禮記)》의 말처럼 '귀족'들에게는 형벌이 가해지지 않는 사회가 도래하겠지. 그러니까 과연 법을 어떻게 봐야 할지, 또 어떻게 지켜야 할지 진지하게 고민하면 좋겠어.

❷ 술術

술이란 가슴속에 감추고 많은 증거와 맞추어 여러 신하를 은밀하게 부리는 것이다. 그러므로 법은 분명하게 밝히는 것보다 좋은 것이 없고, 술은 드러내 보이지 않아야 한다. 이런 까닭에 현명한 군주의 법은 나라 안의 미천한 자에 이르기까지 알지 못함이 없어 다만 집 안에만 가득 차지 않는다. 술을 씀에 있어서는 사랑하고 가깝고 잘 아는 사람들도 들을 수 없게 해야 하니 집 안에도 가득 차지 않는다.

— 《한비자집해(韓非子集解)》 난삼(難三)편 중에서

"법은 알리고, 술은 감춘다."

이 한마디로 술(術)의 성격을 확인할 수 있어. 법이 양지에 드러난 존재라면, 술은 음지에 숨어 있어야 한다는 거야. 술은 한나라 재상이었던 신불해(申不害)가 강조했던 건데, 군주가 신하들을 휘어잡기 위해 사용하는 기술이나 방법이라고 생각하면 돼.

여기서 생각해 봐야 하는 게 왜 하필 '신하'냐는 거야. 백성 모두를 휘어잡으면 쉽게 나라를 다스릴 텐데 말이야. 하지만 한비자는 신하들만 휘어잡으면 모든 걸 통제할 수 있다고 역설했어.

신하를 부리는 기술

"현명한 군주는 관리를 다스리지 백성을 다스리지 않는다 (明主治吏不治民)."

그 유명한 '치리불치민(治吏不治民)'이야. 《한비자》 외저설 (外儲說)에 다음과 같은 이야기가 나와.

"나무를 흔들고자 할 때, 나뭇잎 하나하나를 잡아당기면 고생만 하고 나무를 흔들 수도 없다. 나무의 밑동을 치면 모든 잎이 흔들린다.", "불을 끌 때 관리가 물동이를 들고 불난 곳으로 달려가면 한 사람을 쓰는 것일 뿐이다. 그러나 채찍을 들고 지휘하며 사람을 다그치면 만 명을 다룰 수 있다."

어때 감이 좀 잡히지? 한비자는 여기에 친절히 덤을 붙여 줘. '현명한 군주는 자잘한 일에 몸소 나서지 않는다'라고 말이야. 나라를 다스리는 왕이 옆집 철수가 앞집 현복이랑 싸

《한비자》의 가르침

운 일로 고민할 필요는 없어. 그런 일은 치안을 맡은 신하에게 맡기면 돼. 왕이 해야 할 핵심은 수많은 신하를 어떻게 관리하고 통제하느냐 하는 거야.

이걸 잘하기 위해 술(術)이 필요한데, 술이란 게 법처럼 글로 적혀 있지 않고, 신하나 백성들에게 알리는 게 아니라 왕이 혼자서 연마하는 '기술'이란 점이 특징이야. 투명성이나 공명정대함과는 한참 거리가 있는 이야기지. 사실《한비자》는 이 술(術)에 관한 이야기로 넘쳐. 책 내용의 반 이상이 술의 종류나 방법을 설명하거나 술을 예찬하는 내용으로 이뤄졌어.

— 신하들에게 속마음을 보여서는 안 된다는 무위술(無爲術).
— 신하들의 말과 행동이 맞는지를 확인하는 형명술(形名術).
— 남의 말만 듣고 팔랑귀가 되지 말라는 참오술(參伍術).
— 다른 사람의 말을 '듣는 방법'을 알려 주는 청언술(聽言術).
— 사람을 뽑는 방법을 알려 주는 용인술(用人術).

대충 살펴도 이 정도로 많은 술(術)이 나와. 이뿐이 아냐. 신하들을 관찰하는 방법과 다스리는 방법 등등 수많은 '군주의 기술'을 정리했어. 재미있는 점은 신하들이 군주에게 사용하는 술(術)도 정리해 뒀다는 거야. 8술이라고 해서 군주들을 이용하는 방법이 나와 있어. 자, 이렇게 보면《한비자》란 책이 괜히 "제왕학의 교과서"로 불리는 것이 아님을 알 수 있지. 방대한 내용으로 술(術)을 다루지만, 군주 혹은 리더는 이 중에서 두 가지만 기억하면 돼. 바로 '형명참동(刑名參同)'과 '형덕(刑德)'이야.

군주가 장차 간사함을 없애고자 한다면, 형(刑)과 명(名)이 일치하는가를 면밀히 살펴야 한다. 그것은 곧 일과 말이다. 신하가 진언함에 군주는 그 말로써 맡기고, 오로지 그 일로써 공을 책임 지운다. 이룬 공이 그 일에 합당하고 일이 그 말에 합당하면 상을 주고, 이룬 공이 그 일에 합당하지 못하고 일이 그 말에 합당하지 못하면 벌을 준다.

—《한비자》이병(二柄)편 중에서

형명참동(刑名參同)은 고전으로 만나는 진짜 세상 시리즈 3권에서 다룬 '정명론(定命論)'과 닿아 있어. 유가의 이론을 받아들여 법가식으로 해석했다고 보면 돼.

"왕은 왕답게 행동하고, 신하는 신하답게 처신하고, 아버지는 아버지답게 행동하고, 자식은 자식답게 제 할 도리를 다하면 된다(君君臣臣 父父子子)."

제나라의 경공이 공자에게 어떻게 하면 나라를 잘 다스릴 수 있는지를 물었을 때 공자가 한 대답이었잖아. 공자의 생각은 이름에 걸맞은 모습을 보여야 한다고 봤는데, 이게 바로 정명론의 핵심이야. 한비자의 형명론(刑名論)도 비슷해.

"너, 학생회장이지? 회장이면 뭘 해야 하지?"

"학생들의 요구 사항을 정리해서 학교 측에 전달하고, 학생회 활동을 통해 학생 자치를 원활히 하는 겁니다."

"잘 아네?"

"예, 나름대로 준비 많이 했습니다."

"좋아, 이번 학년 끝날 때까지 학생회장 활동을 잘하면 장학금을 줄게. 그 대신 학생회장직을 제대로 수행 못 하면, 어떤 평가를 받을지, 알지?"

어때? 이해가 돼? 신하가 왕에게 달려가 자신에게 이러이러한 계획이 있다고 말해. 왕이 들어 보니 괜찮아서 허락하지. 추후 왕은 계획과 결과를 비교한 뒤 애초 계획과 맞아떨어지는 결과가 나왔다면 상을 내리고, 다른 결과가 나왔거나 실패했다면 벌을 내려. 여기서 등장하는 게 이병(二柄)이야.

두 개의 자루란 형(刑)과 덕(德)이다. 형과 덕이 무엇이냐면, 벌을 주는 것을 형이라 하고, 포상하는 것을 덕이라 한다. 신하들은 벌을 두려워하고, 포상을 좋게 여긴다. 그러므로 군주가 스스로 형과 덕을 쓰게 되면, 신하들은 그 위험을

법(法), 술(術), 세(勢)

두려워하며, 이로운 것에 모여든다.

—《한비자》이병(二柄)편 중에서

상과 벌을 '두 개의 자루'라고
표현한 거야. 한마디로 신상필
벌(信賞必罰, 공이 있으면 상을 주
고, 잘못이 있으면 벌을 준다)을 뜻해. 한비
자는 군주가 무슨 일이 있어도 신하들에게 넘겨선
안 되는 것으로 이 '상벌권'을 꼽고 있어. 이걸 넘겼다가
왕위를 빼앗긴 예를 들어가면서 상벌권은 무슨 일이 있어도
왕이 쥐고 있어야 한다고 역설하지. 한비자는 책에서 수많
은 술(術)을 소개하지만, 결국 핵심은 형명참동(刑名參同)과
형덕(刑德)이야. 이 두 가지만 확실히 한다면, 왕은 아무것도

《한비자》의 가르침

하지 않고도 나라를 다스리게 돼.

통치는 법술에 의거하고, 상벌을 통해 시비가 가려지도록 하며 저울에 무겁고 가벼움을 달아본다.

─《한비자》대체(大體)편 중에서

왕 혼자서 다스리는 나라가 아니라 시스템에 의해 돌아가는 나라가 되는 거야.

❸ 세勢

한비자는 상앙과 신불해의 법(法)과 술(術), 합쳐서 법술 사상에 신도(慎到)의 세(勢) 사상을 얹어. 세는 요즘 말로 하자면, '위세' 혹은 '카리스마'라고 말할 수 있어.

"왕이 법과 술을 행사할 수 있게 해 주는 토대."

한마디로 이렇게 정리할 수 있지. 이건 유가에서 내놓은 훌륭한 군주상과는 상당히 거리가 있어. 유가의 경우 '최고의 임금'이 있었던 '태평성대의 시기'를 물으면, "요순(堯舜) 임금이 다스리던 시절이 최고다! 요순 임금처럼 성인군자가

법(法), 술(術), 세(勢)

돼야 한다!"라고 말해. 여기엔 시스템이나 법칙이 끼어들 틈이 없어. 오로지 왕 개인의 품성, 인격, 기량에 기대는 것뿐이야(인성교육을 시킨다고는 하지만). 그러나 한비자의 생각은 달랐어.

무릇 재능이 있어도 세가 없으면 비록 어진 자라 하더라도 어리석은 자를 통제할 수 없다. 그러므로 한 척의 나무라도 높은 산 위에 서 있으면 천 길의 계곡을 아래에 두니, 재목이 커서가 아니라 위치가 높기 때문이다. 걸(桀)이 천자가 되어 천하를 제어할 수 있었던 것은 현명해서가 아니라 세가 무거웠기 때문이다. 요(堯)가 필부였다면 세 집안도 다스릴 수 없었을 것이니, 어리석어서가 아니라 지위가 낮기 때문이다.

─《한비자》공명(功名)편 중에서

지도자의 책임과 권한

세(勢)의 본질은 왕 개인의 능력이 아니라 왕이란 지위에 있다는 얘기야. 중요한 건 왕이라는 지위가 내뿜는 스포트라이트라는 거야. 한비자는 세에는 자연적인 것과 인위적인 것이 있다고 봤어. 자연적인 세만으로는 나라를 다스릴 수 없기에 인위적인 세, 그러니까 인위적으로 만든 권세가 필요하다고 역설한 거지.

희대의 폭군인 걸이 세상을 통치한 건 그가 잘나서가 아니라 왕이란 지위가 있어서 가능했다고 말한 대목을 주목해서 봐야 해. 자리가 사람을 만드는 거야. 한비자는 군주가 이 세(권세)를 필히 쥐고 있어야 한다고 봤어.

권세를 신하에게 빌려주어서는 안 된다. 군주가 하나를 잃게 되면 신하는 그것을 백배의 이익으로 사용할 수 있다. 신하가 군주의 권력을 빌릴 수 있게 되면 세력이 확대되어 조정 안팎의 사람들이 모두 그 신하를 위해 일하게 된다. 그렇게 되면 군주의 눈과 귀는 막힌다.

—《한비자》 내저설(內儲說) 하편 중에서

한비자는 법과 술을 가지고 세상을 다스리려면, 세가 꼭 필요하다고 주장했어. 만약 이 세를 신하에게 건네는 순간 군주는 권력을 잃을 수도 있다고 경고해. 쉽게 설명하자면, "자리가 사람을 만든다"라는 얘기지. 평범한 사람이라도 대통령 자리에 오르면, 사람들은 그의 말에 복종해. 물론 대통령이 쥐고 있는 인사권이나 사면권, 불소추 특권, 기타 등등의 권한 때문이기도 하지만, 그것도 '대통령'이란 자리에 올랐기 때문에 획득한 거잖아? 대통령 임기를 끝내고 내려오면, 과연 사람들은 그의 말을 들어줄까?

"에이, 대통령도 아닌데 왜 그 사람 말을 들어야 해요?"

법(法), 술(術), 세(勢)

당연히 이런 말이 나올 거야. 대통령 임기를 무사히 마친 사람은 공인(公人)의 자리에서 내려와 자연인이 돼. 이 경우에는 그의 인격이나 품성에 따라 사람이 모이거나 흩어지게 되겠지. 하지만 대통령직을 수행하는 동안엔 대통령이란 자리가 주는 위세, 권위라고도 볼 수 있는데, 바로 여기에 사람들이 고개를 숙이는 거야.

물론 오늘날 대통령의 권위와 옛날 왕의 권위는 다르다는 걸 명심해! 대통령의 권위는 국민이 대통령에게 위임해 주는 거고, 왕의 권위는 자기들끼리 '만든' 거야. 오늘날까지 남아 있는 왕정국가 혹은 입헌군주제 국가에서 복잡하고 어려운 '예식'이나 '전통'을 만들어 내고, 지키고 하는 건 자신들의 정당성을 확보하기 위해 '세(勢)'를 인위적으로 만들고 있다고 봐도 돼.

자, 여기까지 한비자의 주장을 종합해 보면, 군주는 법(法), 술(術), 세(勢), 이 세 가지 무기를 가지고 신하를 관리하고, 국가를 다스려야 한다는 거야. 그리고 이 법, 술, 세는 개별적으로 떨어져 있으면 제대로 작동하지 못하고, 셋이 하나로 묶여야지만 제대로 기능할 수 있다는 거지. 《한비자》란 책이 "제왕학 교과서"로 불리는 이유를 새삼 확인할 수 있는 대목이야.

한비자가 살아서 활동하던 시기의 상황을 고려한다면, 한

《한비자》의 가르침

입헌군주제

헌법 체계가 존재하는데, 군주 그러니까 그 지위를 후손에게 넘겨줄 수 있는 '왕'이 존재하는 정치 체계를 말해. 왕이 무소불위의 권력을 휘두르던 전제왕조 국가에서는 왕이 법 위에 존재했지만, 입헌군주제 체제에서는 왕이 헌법 아래에서 그 지위를 인정받지. 영국이나, 일본 같은 경우를 생각하면 돼. 국민은 투표권이 있어서 자유롭게 자신의 정치적 의사를 표현해. 그런데 왕도 있어. 이런 걸 두고, '군림하되 통치하지 않는다'라는 말로 표현할 수 있지. 이런 체제에서 왕은 국가의 상징이긴 하지만, 법적으로 정치적 영향력은 없어.

다비드가 그린 나폴레옹 1세의 대관식. 월계관을 쓴 나폴레옹 황제가 노트르담 성당에서 황후 조제핀에게 왕관을 하사하는 모습을 그렸다.

비자가 술(術)에 집착했던 이유도, 왕이 신하들을 쥐 잡듯이 몰아붙인 이유도 이해할 수 있을 거야. 자고 일어나면 신하들이 반란을 일으키고, 하루가 멀다고 전쟁이 터지는 세상에서 누구도 믿을 수 없는 상황이었으니, 살아남아야 한다는 절박감이 《한비자》란 책을 제왕학 교과서로 만든 거야.

그렇다고 이 책이 왕을 위해서만 만들어진 책이란 얘기는 아니야. 한비자는 이 책을 통해 시스템으로 돌아가는 국가를 만들어서 궁극적으로는 전쟁이 없는, 백성들이 살기 좋은 나라를 만들기 위해 노력했다고 할 수 있어. 아울러 감추거나 포장하지 않은 인간의 본성 자체를 적나라하게 파헤쳤다는 것, 그러니까 인간이 '이기심'을 기반으로 움직인다는 점을 이야기한 게 중요해. 한비자가 인간의 이기심을 나쁜 것으로 규정하지 않고, 이걸 잘 활용해서 개인을 포함해 모두가 잘 살 수 있는 방향으로 유도할 방법을 고민했다는 부분에도 주목해야 해.

물론 한비자의 생각에 동의하지 않는 사람도 있을 수 있겠지. 하지만 한비자가 2300년 전에 "이기심이 인간을 움직이는 원동력이다"라는 것을 알려 줬다는 사실 하나만으로도 《한비자》라는 책은 그 존재 가치를 다했다고 볼 수 있어. 이기적인 게 나쁜 것이 아니고, 인간의 이기심을 과연 어떻게 활용해야 하는지 고민하는 것. 이게 현실을 똑바로 직시하는 삶이 아닐까? 혼란했던 전국시대 말기에 시대적 과제를 법을 활용한 통치로 풀려 하고, 이를 위해 법, 술, 세를 꿰뚫는 리더십의 모든 유형을 소개한 한비자의 마음을 지금 이 시대에 같이 생각해 보면 어떨까?

고전(古典)을
읽는 이유

《한비자》를 끝으로 동양 사상사 고전편을 마치려고 한다.
제자백가의 대표적인 사상인 유묵도법(儒墨道法) 중에서 세
가지를 소개했으니 나름 충분하다고 생각한다. 중국의 사상
체계라는 게 유가, 도가, 법가, 이 세 가지 철학에 당나라 때
들여온 불교가 결합하면서 기본 틀이 완성된 것이니, 이 정
도만 해도 동양철학의 기본 뼈대는 소개했다고 스스로 위로
하고 있다.

한비자를 다루겠다고 생각했을 때 '법'이란 딱딱한 주제
를 어떻게 풀어내야 할지 고민을 많이 했다.《한비자》가 다
른 철학책에 비해서는 상당히 쉽게 쓰였고 '재밌다'는 사실
이 위안이 되긴 했지만, 역시나 한 사상가의 생각을 일목요
연하게 전달하기란 쉽지 않았다.

고전(古典), 특히나 사상이나 철학을 담은 책의 무게감은
상당하다. 한국에서는 만화와 문학을 제외하고도 한 해 평
균 4만 종이 훌쩍 넘는 책이 출간된다. 어마어마한 양의 책
이 독자들의 사랑을 받기도 전에 구석으로 밀려나는 현실이

다. 이에 반해 고전으로 분류되는 책들은 짧게는 100년, 길게는 2000년 넘게 살아남아 독자들의 손에 오늘도 들려지고 있다. 그렇기에 고전은 혹독한 '세월'의 검증을 통과한 책이란 의미를 지닌다.

《한비자》는 실로 오랫동안 우리 곁을 함께한 책이지만 그 안에 담긴 내용은 상당히 '불편'하다. 하지만 세월의 검증을 통과한 책인 만큼, 사상가 한비자가 들려주는 말이 최소한 '들어볼 만한 가치가 있다'는 것은 분명하다. 《한비자》란 책이 성립할 수 있었던 근간은 본문에서 말했듯이 바로 이것이다.

"아무리 부부라도, 각자의 이익이 다르다. 이익이 다르기 때문에 다르게 생각하고, 다르게 행동한다."

책을 꼼꼼히 읽은 독자라면 인간의 이기심을 적나라하게 파헤친 위나라 부부 이야기인 줄 알 것이다. 누군가 내게 《한비자》 중에서 딱 한 구절만 뽑아 책을 쓰라고 한다면 주저 없이 이 이야기를 꼽을 거라고 했던 말도 기억할 것이다.

맺는말

학교에서 가르치는 도덕, 윤리 수준에서는 우리 안에 있는 '이기심'을 표출하면 안 되는 것처럼 느껴진다. 요즘은 자본주의 사회에서 경쟁이 심해지는 바람에 자기주장에 적극적인 분위기도 있지만, 한국 사회에서는 이기적이란 말이 여전히 부정적인 느낌으로 인식되는 측면이 있다.

"넌 왜 이렇게 이기적이니? 너 혼자 사는 세상이야?"

이런 말을 예사로 듣는 이상한 상황이다. 교육 체계에서 학생들을 향해 강조하는 도덕과 윤리의 방향성을 이해하지 못하는 건 아니지만, 결국 인간은 이기적일 수밖에 없는 존재라는 것이 내 개인적인 판단이다. 이런 의미에서 인간의 본질적인 이기심을 활용해 보겠다는 한비자의 생각은 그야말로 파격 그 자체였다. 오늘날에도 쉽사리 공감받기 어려운 생각을 2300년 전에 논리적으로 풀어냈으니 말이다. 한비자의 입장에서 법치나 법, 술, 세와 같은 이야기들은 어쩌면 부차적인 것이었는지도 모른다. 사람을 관계적 존재로 파악한 공자의 사상에서 벗어나 "인간은 이기적이다!"라고 선언했으니 말이다.

어쩌면 그것만으로도 한비자는 사명을 다한 것일지도 모르겠다. 물론 이에 대해서는 반론이 있을 수 있다. 인간을 이타적인 존재로 보는 시각에서는 더욱 그러할 것이다. 하지만 인(仁)과 예(禮)를 강조하는 유가 사상에 맞서 인간의 이기심에 주목한 한비자의 사고 덕분에 도덕 선상에서 논의되던 인간의 품성이 본성에 보다 가까워질 수 있었다고 보는 것이 내 시각이다. 이기적인 사람이냐 아니냐를 판단하는 데 힘을 허비하지 말고, 한비자가 인간의 이기심에 주목한 본질에 충실했으면 한다.

한비자는 왕을 제외한 모두에게 똑같이 적용되는 법을 만들고 법에 의한 통치를 통해 당대의 안정, 그리고 인간의 자유와 평등과 행복한 삶을 추구했다. 오늘날 법치는 대통령이라 할지라도 예외일 수 없다. 12.3 내란의 밤을 보내고 우리 사회가 과연 어디로 가는지 불안함을 느끼는 이들이 많았다. 하지만 정의롭고 평등한 사회를 만들기 위해 광장으로 나온 시민들은 빛의 혁명을 이끌었다. 불법적으로 비상계엄을 선포한 현직 대통령을 탄핵하고 파면함으로써 전 세계가

맺는말

대한민국의 민주주의 회복력을 높이 평가하고 부러워했다. 그 과정을 책에 담을 수 있어서 가슴 벅찬 시간이었다.

한비자를 끝으로 고전으로 보는 진짜 세상 시리즈 고전편을 마무리한다. 다음에 서구 교부 철학과 스콜라 철학을 묶어 '중세 철학'을 다루려 했다. 그런데 몇 해 전 코로나19에 걸려 죽음을 눈앞에 두면서 인생의 고통과 불행을 고민하는 시간을 보냈다. 적막한 병실에 누워 지낼 때 바쁜 일상과 참혹한 현실을 버틸 힘이 되어 주는 철학을 소개해야겠다는 생각이 들었다.

바로 스토아 철학이다. 이전의 사상이 학문적 영역에 가까웠다면, 고대 그리스와 로마에서 각광받은 이 사상은 생활 철학이나 생활 윤리라는 느낌을 준다. 황제였던 마르쿠스 아우렐리우스는 광대한 로마 제국을 다스리며 전장을 누볐다. 그 와중에 숱한 죽음을 마주하며 흔들리는 자신을 부여잡기 위해 일상의 기록을 남겼다. 그렇게 탄생한 《명상록》은 오늘날 우리가 힘들거나 지칠 때 위안을 주는 말들로 가득하다. 내면의 평화를 잃기 쉬운 오늘, 진정한 행복으로 가는 길을 함께 모색해 보자.

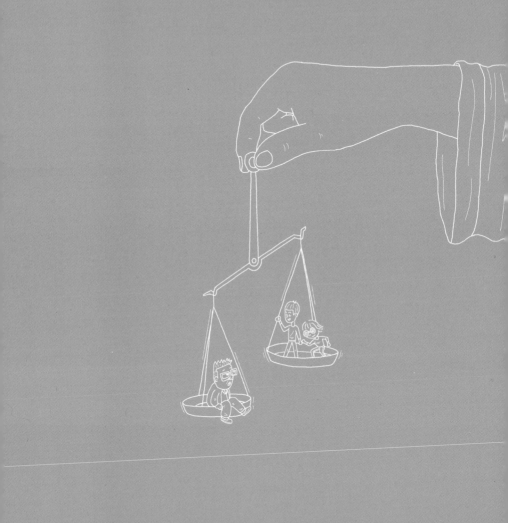